글로벌 시대형 인재 교육론

도전과 기회
3C 혁명
Competence, Character, Commitment

강영우 박사

생명의말씀사

HANDY BOOK 5

도전과 기회
3C 혁명

ⓒ 생명의말씀사 2009

2009년 2월 10일 1판 1쇄 발행
2009년 3월 1일   5쇄 발행

펴 낸 이 김창영
펴 낸 곳 생명의말씀사
등   록 1962. 1. 10. No.300-1962-1
주   소 110-101 서울 종로구 송월동 32-43
전   화 (02)738-6555(본사), (02)3159-7979(영업부)
팩   스 (02)739-3824(본사), 080-022-8585(영업부)

지 은 이 강영우

기획편집 윤나영, 전보아
디 자 인 박소정, 맹영미
제   작 신기원, 오인선, 홍경민
마 케 팅 이지은, 선승희, 박혜은
영   업 박재동, 김창덕, 김규태, 이성빈, 김덕현, 황성수
인   쇄 영진문원
제   본 정문바인텍

ISBN 978-89-04-15831-7
ISBN 978-89-04-00139-2(세트)

저작권자의 허락 없이 이 책의 일부 또는 전체를
무단 복제, 전재, 발췌하면 저작권법에 의해 처벌을 받습니다.

CHALLENGES & OPPORTUNITIES

Competence, Character, Commitment

눈먼 새의 飛翔   늘샘 반병섭

1
문호교회¹ 강명기 영수領袖의 장남,
모태신앙으로 태어난 재동 영우는
서울로 진학, 중학생이 되고
어느 날 축구공에 눈을 다쳐
국립의료원의 최후 진단
"회복 불능" 실명失明이 선고되던 날
"영우가 장님이 된다고" 이 한마디를 남긴
홀어머니 임인희는 졸도하고
8시간 후에 절명絶命한다.

평화시장의 밤낮 없는 공녀工女 처녀 家長,
누나원자는 18세에 과로사過勞死를 하고
동생영수은 철공장의 工童으로
여동생원숙은 고아원으로
"눈먼 새"[2] 영우는 맹아학교로
세 고아는 스올을 헤맨다.

맹인 영우 소년의 세상은 절벽 또 絶壁
해 있는 낮도 밤, 달 있어도 밤은 더욱 칠흑
피리로 울어야 하는 야밤의 집시
주홍글씨 눈에 달고
점쟁이 되는 그 길만이
실낱같이 가물거렸다.

2
가슴엔 빛,
귀엔 영음靈音 있어
"하나님의 영광을 위해"³
"내 은혜가 네게 족하다"⁴
"옳소이다"⁵
신앙은 應答, 성취는 은혜이었네!

숙대생 석은옥이
그의 지팡이로 다가오고⁶
눈에는 꿈, 액와腋窩에 날개 돋아
太平洋을 비상했네

한국 최초의 맹인 박사가 되고
교수가 되고
저술가著述家가 되고
펴낸 책들 낙양洛陽의 지가를 올리고
읽는 이의 가슴에 불을 지피네

만만 장애인의 희망
만만 역경 이겨낸 승리자
연세대母校의 명예박사
백악관과 UN, 세계의 무대 위에로[7]
지팡이 잡고 단상에 우뚝 설 때마다
壇下는 울었어도 한 쌍의 촛불[8]은 울지 않았네

3
흩어졌던 동생[9]들 불러 모으고
고마웠던 恩人들 고루 고루 보답하고
외동딸 키운 丈母이정현에게 안식처 드리고

모두는 명문교名門校 출신의
큰아들, 진석은 안과의사, 박사
자부에이미도 의학박사
둘째 아들, 진영은 변호사, 박사
자부엘리자베스도 법학박사
미국 명사록名士錄[10]에 오른 가문!

만인의 거울, 강 박사는
붕조鵬鳥의 날개 달고
더 높게 더 넓게 飛翔하리니
눈 부비며 바라볼
우리들의 자랑이여!

늘샘 반병섭 (80翁, 시인, 목사) _ 교계에 널리 알려진 찬송 "가슴마다 파도친다"(303장)의 작사자로서 지금까지 100여 편 이상의 찬송가를 작사하였다. 작품으로는 시집 "양지로 흐르는 강"(1992), "살아 있음이 이리도 기쁜데"(1994), "교포의 정원"(2002), 시조집 "겨울 창가에서"(2002), 시문집 "길보다 먼 여정"(1995) 등 다수가 있다.
NOTE _ 강영우 박사가 5세였던 문호리의 그때부터 지금까지 사랑하며 기도하는 인연으로 이 시를…
註:(1) 강영우 박사의 고향 교회, 양평군 서종면 문호리 (2) 강 박사 부부의 드라마 "눈먼 새의 노래" (3) 요 9:3 (4) 고후 12:9 (5) 막 12:32 (필자가 기독교방송국의 인생 상담자로 들려준 성구들) (6) 석은옥 여사의 저서: "나는 그대의 지팡이, 그대는 나의 등대" (7) 백악관 국가장애위원회 정책 차관보, 세계장애위원회 부의장 (8) 강 박사 부부의 공저: "어둠을 비추는 한 쌍의 촛불" (9) 남동생은 시카고에서 자영업, 여동생은 교수 부인 (10) "미국저명인사인명사전"에 등재

이 책을 읽는 분들에게

 모두가 승리하고, 모두가 성취자가 되어 하나님의 선한 뜻이 이루어지는 아름다운 세상. 누구나 이런 세상을 소원합니다. 하나님이 우리 각자에게 주신 능력을 최선을 다해 개발해서 자기 분야의 최고 실력자가 되면 인류 공통의 아름다운 세상을 만들 수 있습니다. 이것이 이 책에서 저자가 말하려는 것입니다. 이를 위해서는 3C, 즉 실력Competence, 인격Character, 헌신Commitment적 자세가 필요합니다.

배운 것이 별로 없다고 열등감, 좌절감, 패배감에 사로 잡혀 있습니까? 그것은 배움을 향한 열정과 발견에 대한 지적 흥분을 강렬하게 느끼게 하여 첫째 C, 실력을 쌓는 데 필요한 자산이 됩니다.

고난과 역경 속에서 하나님을 원망하고 환경을 탓하며 낙심하고 있습니까? 고난과 역경은 둘째 C, 인격을 형성하는 데 필요한 소중한 자양분이 됩니다.

죄악으로 가득 찬 세상을 어둡다고 불평하며 다른 사람들을 손가락질하고 있지는 않으십니까? 그때가 바로 셋째 C, 헌신의 자세로 섬기는 리더십을 발휘하여 이 땅에 천국이 이루어지게 할 때입니다.

3C는 당신이 선택한 분야에서 정상에 오르는 목적인 동시에 과정입니다. 뿐만 아니라 자녀들이 세계화 시대에 각자에게 주어진 독특한 시대적 사명을 능히 완수할 수 있도록 교육하는 지침이요, 기준입니다.

그동안 겪은 실패와 패배도, 현재의 약점도 모두가 당신의 소중한 자산이 될 수 있습니다. 그것들은 인간의 고귀한 가치인 끈기, 관용, 친절, 사랑을 배우게 함으로 3C를 강화하기 때문입니다.

독자들을 위로하고 격려하기 위해 근거 없이 하는 말이 아닙니다. 학문적으로 검증되고 저의 삶과 자녀들의 삶에서 체험적으로 입증된 것입니다. 후반부에 실린 저의 두 아들의 글이 이것을 이해하는 데 도움이 될 것입니다.

이 책을 읽는 독자들도 3C로 도전하여 부름받은 분야에 탁월하게 되어 아름다운 세상을 만들어 가기를 기원합니다.

강영우

교육 전공 철학 박사, 명예 문학 박사
백악관 국가장애위원회 정책차관보
루스벨트 재단 고문
UN 세계 장애위원회 부의장

CHALLENGES & OPPORTUNITIES

Competence, Character, Commitment

아름다운 세상을 만드는 사람들

비록 나는 불빛도 구별할 수 없는 완전 맹인으로 40년을 살아 왔지만 이 세상에서 가장 축복받은 사람 중 하나라고 말하고 싶다. 하나님은 나에게, 실명이라는 치명적인 약점을 통해 아름다운 세상을 만들어가는 수많은 사람들을 만날 기회를 주셨을 뿐만 아니라, 그들과 어울릴 수 있는 인생관, 세계관을 깨닫고 배우게 해주셨다. 실명에도 불구하고가 아니라 실명을 통해 오늘의 놀라운 축복을 누리게 된 것이다.

32년 전, 신혼부부로 임신 초기의 아내와 함께 미국 땅에 도착했을 때 다음 두 가지 질문이 있었다 :

첫째, "이곳 대학원에서 석사와 박사학위를 받은 후, 남은 인생을 어떻게 행복하고 보람 있게 살 것인가?",

둘째, "아내의 뱃속에서 자라고 있는 아이가 이 세상에 태어나면 어떻게 교육할 것인가?"

그때 나는 연세대를 졸업한 지 6개월밖에 안 된 28세의 청년이었다. 그리고 30여 년의 세월이 흘렀다. 이제는 첫 번째 질문에 답할 때가 아닌가 싶다.

교육에서는 30년을 한 세대로 간주한다. 한 생명이 잉태되어 성숙한 한 인간으로 성장하고 발달하는 데는 그만한 세월이 필요하기 때문이다. 그때 아내의 뱃속에 있던 아이 역시 성장하여 어느 새 한 아이의 아버지가 되었다. 그리고 그때의 나와 같은 질문을 품게 되었다. 한 세대를 먼저 살아온 부모 세대로서 역시 부모가 된 아들 세대에게 두 번째 질문에 대한 답도 나름대로 제시할 때가 된 것이다.

약한 자를 들어 쓰시는 하나님의 놀라운 섭리로, 젊은이다운 패기와 꿈을 안고 미국 땅에 온 지 정확히 30년 만에 나는 연방 정부 최고 공직자 500명 중의 한 명이 되었다. 대통령 직속 국가장애위원회 정책차관보로서, 미국인구 5명 중 1명꼴인 5천 4백만 장애인들이 주류 사회에 완전 통합되고 참여하는 아름다운 세상을 만들어가는 대열에 당당히 끼게 된 것이다.

또한 그 당시 사랑하는 아내의 뱃속에 있던 큰아들 진석이가 이 세상에 태어난 지 정확히 30년이 된 2003년에 첫딸을 낳아 할아버지가 되기도 했다.

큰아들 부부는 의사이고 작은아들 부부는 변호사로 아들 며느리들이 모두 전문인들이다. 또한 미국 최고 명문고교와 대학에서 교육을 받은 엘리트 중 엘리트들이다. 그러한 아들 며느리들이 나에게 "자녀 교육은 어떻게 하는 것이 좋을까요?"라고 묻는다.

그래서 아들 며느리, 손자 손녀에게 이야기하듯 신앙과 교육적인 관점에서 생생한 체험을 소개하면서 이 두 가지 질문에 대한 답을 제시해 보고자 한다.

CONTENTS

눈먼 새의 飛翔 · 4
이 책을 읽는 분들에게 · 9
아름다운 세상을 만드는 사람들 · 13

PART 1 이제는 3C형 인간이다!

01 인물은 길러진다 · 21

인성 발달, 교육으로 달라질 수 있다 | 명문가는 만들어진다 | 지적 교육보다 태도와 가치 교육이 더 중요하다 | 백악관을 신앙 공동체로 만든 부시 대통령

02 첫째, 실력(Competence)은 기본이다 · 48

실력은 꿈을 실현하는 도구이다 | 나무를 보기 전에 숲을 보라 | 집중력과 시간 관리 능력을 개발하라 | 생활 속에서 본을 보이라 | 배움에 대한 열정을 유지하라 | 연장이 좋아야 풍성한 결실이 있다 | 좋아하고 잘하는 분야에서 직업을 선택하라

03 둘째, 인격(Character)은 가치 교육에 달려 있다 · 76

천하보다 귀한 것이 내 생명이다 | 시련과 역경을 통해 인간의 고귀한 가치를 배우라 | 학교 교육보다 가정 교육이 더 중요하다 | 에이브러햄 링컨의 이상적인 자녀 교육 | 부시 왕조를 만든 고귀한 가치들

04 셋째, 헌신(Commitment)은 학습된다 · 129

편견과 차별은 극복할 수 있다 | 헌신의 자세를 기르면 교육에서 성공하고 인생에서도 성공한다 | 아름다운 세상을 만드는 꿈을 품으라 | 리더십, 헌신으로 길러진다 | 인맥에 대한 새로운 시각을 가지라 | 최악의 상황도 성취 동기로 삼으라 | 루스벨트가 꿈꾼 아름다운 세상

05 준비된 사람에게 기회의 문이 열린다 · 179

"십리를 간 사람들" | 준비된 사람에게 기회의 문이 열린다 | 뜻이 있는 곳에 길이 있다 | 더 좋은 문이 열리기 위해 하나의 문이 닫힐 수도 있다

PART 2 진석, 진영의 아름다운 세상

06 나의 아름다운 꿈은 이렇게 실현되고 있다 · 206
_ 강진석, 의학박사, 듀크대학교 안과 전문의

07 나의 가족, 나의 영웅! · 232
_ 강진영, 법학박사, 백악관 입법 특별 보좌관

01 인물은 길러진다
02 첫째, 실력(Competence)은 기본이다
03 둘째, 인격(Character)은 가치 교육에 달려 있다
04 셋째, 헌신(Commitment)은 학습된다
05 준비된 사람에게 기회의 문이 열린다

Part _ 1
이제는 3C형 인간이다!

CHALLENGES & OPPORTUNITIES

01
인물은 길러진다

 미국은 케네디 대통령 이후 반세기 가까운 세월 동안, 하버드 출신 가운데 대통령에 당선된 사람이 없다. 한편, 같은 아이비리그에 속하는 예일대 동문 가운데에서는 1988년 최초로 조지 부시가 41대 미국 대통령으로 당선된 이래 법대 동문인 클린턴을 거쳐 다시 아들 부시까지 계속해서 대통령이 배출되고 있다. 2004년 선거에서도 공화, 민주 양당 후보가 모두 예일대 동문으로 압축되었다. 존 케리 민주당 후보는 조지 W. 부시 공화당 후보의 예일대 2년 선배이다. 11월 선거에서 누가 승리를 하든지 앞으로의 4년을 포함하여 만 20년 동안 세계 최대 강국인 미국이 예일대 동문들의 통치 비전으로 이끌어지는 것이다.

이번 민주당 예비 선거에서 고어는 하워드 딘을, 클린턴은 웨슬리 클락을, 에드워드 케네디 상원의원은 존 케리를 지지했다. 처음에는 뒤에 처졌던 케리가 케네디가의 밀고 끄는 힘에 의해 민주당 후보로 급부상한 것이다. 그래서 언론은 아직도 민주당을 케네디당이라고 한다. 그럼에도 불구하고 케네디 상원의원 자신은 민주당 대통령 예비 선거에서 실패한 적이 있다.

케네디 상원의원은 하버드대 출신이다. 2000년 민주당 대통령 후보로 공화당 부시 후보에게 패배한 고어도 하버드 동문이다. 그런데 두 사람이 패배한 이유 중 하나로 드는 것이, 상류 특권층 이미지를 벗지 못했다는 점이다. 다시 말하면 하버드대가 그들도 보통사람들 중 하나라는 이미지를 심어 주는 교육에 실패했다는 말이다.

한편 예일대에서는 1963년 앨프레드 그리스월드 총장이 사망한 후 취임한 킹만 브루스트만 2세가 예일대 입학 정책에 혁신을 가져왔다. 그동안 아이비리그가 명문대학준비학교 출신인 상류층 자녀들만을 입학시켜왔는데 입학 정책을 바꾸어 정원의 40%를 공립학교 출신의 중산층 자녀들로 채워 대학 교육을 대중화하기 시작한 것이다. 그 후 1977년까지 총장 재임 15년 동안 지속적인 대중화 정책을 추진하여 오늘날 그 결실을 거둔다는 언론의 분석이다.

케리 상원의원과 아들 부시 대통령은 각각 1966년과 1968년에 예일대를 졸업했다. 또한 민주당 예비 선거에서 탈락한 하워드 딘 전 버몬트 주지사와 리버만 상원의원도 브루스트만 총장 때 재학하여 길러진 인물들이다.

이와 같이 시대에 앞서가는 비전을 품은 한 지도자로 인해 평범한 사람들이 자신들과 동일시할 수 있는 지도자들을 많이 길러낼 수 있었다.

인성 발달, 교육으로 달라질 수 있다

2004년 미국 공화, 민주 양당 대선후보는 사립 명문 고교와 대학 출신이다. 케리 상원의원은 세인트폴을 졸업했고 부시 대통령은 필립스 앤도버 아카데미를 졸업했다. 2000년 대선 주자들도 마지막 네 명이 모두 사립 명문 고교 출신들이었다. 고어는 세인트 알반스를 거쳐 하버드대를 나왔다.

이러한 자료만 보면, 사립 명문 고교나 대학에서 공립학교에 비해 상대적으로 더 많은 인물을 배출한다는 결론을 내릴 수 있다. 그러나 여러 변수들이 작용할 수 있기 때문에 이는 성급한 결론이다. 무엇보다도 초등학교 때부터 사립학교에 다녔느냐,

초등학교와 중학교는 공립학교를 다니고 고교와 대학만 사립학교에서 수학했느냐에 따라 인성 발달에 커다란 차이가 있을 수 있다.

부시 대통령은 텍사스의 시골 마을에서 초등학교와 중학교를 졸업했다. 학교에서는 스페인어를 사용하는 소수민족 학생들과 자주 어울렸고, 집 근처 골목에서는 중산층 가정 친구들과 어울릴 기회가 많았다고 한다. 그런 배경으로 필립스 아카데미와 예일대를 다녔기 때문에, 가끔 시골뜨기라고 놀림받을 때도 있었지만 어느 누구와도 잘 어울려서 인기가 많았다고 한다. 그러한 대중적인 이미지 형성은 정치인으로서의 성공에 필수적이다.

한편 2000년 대선 민주당 후보인 고어는 초등학교에서 대학까지 줄곧 사립학교에서만 교육을 받았다. 그러다 보니 귀티 나는 분위기를 풍기기는 해도, 대중적 이미지는 발달되지 못했던 것이다.

존 케리 상원의원은 뉴잉글랜드 명문 고교 중 하나인 세인트폴을 거쳐 예일대를 나왔다. 유대교를 믿어오다가 가톨릭으로 개종하면서 초등학교와 중학교는 가톨릭 학교를 졸업했다.

예일 동문간의 정책 대결 외에, 비슷하지만 다소 다른 교육 배경이 어떤 영향을 미칠지 궁금하다.

사립학교	공립학교
- 수업료가 비싸다. - 신분이 확실치 않은 이들의 입학을 거부할 수 있고, 입학지원자의 경제적인 신분 등을 까다롭게 심사한다. - 최소한 3개월 이전에 입학신청을 해야 하고, 심한 경우 유아 때부터 신청해야 들어갈 수 있다. - 자신의 철학이나 가치관, 교육환경 및 종교에 따라 원하는 커리큘럼을 제공하는 학교를 선택할 수 있다. - 대개 비슷한 수준의 친구들만 사귀기 때문에 친구 선택이 제한되고, 다른 문화나 민족에 대한 이해도가 떨어질 수 있다.	- 수업료는 무료이다. - 세금으로 운영되기 때문에 외국인의 자녀 특히 합법적인 신분이 없는 경우에는 제한이 있다. - 입학서류가 극히 간단해서 학기 전이면 아무 때나 입학할 수 있다. - 이중언어 프로그램, 장애아나 특수아를 위한 특수교육교사들이 있어 별도로 교육하게 되어 있다. - 인종적, 종교적, 사회적. 경제적으로 다양한 친구들을 사귀면서 사회성을 키울 수 있다.

10대 명문사립학교

전통 있는 명문사립학교들은 보통 기숙사를 갖추고 각 학교 특유의 교육관과 가치관으로 특성 있게 가르치는데, 미국에는 약 250개 정도가 있다. 대개 자연 환경이 좋아 정서적인 도움을 크게 주는 반면 규율이 엄하다. "대학준비학교" (Preparatory School)라고도 부른다. 일반적으로 명문으로 알려진 10개 학교는 다음과 같다.

- Cate School(캘리포니아) 케이트는 서부에서는 최고의 대학준비학교로서, 전통적인 동부의 학교들과 견줄 정도로 교육내용이 충실하다. 규모는 다른 학교에 비해 작은 편이다.
- Choate Rosemary Hall(코네티컷) 다른 학교들이 진학률이나 기부금의 액수로 자기 학교의 우월성을 주장하는 반면 초아트 로즈메리는 전통적인 대학준비학교의 이미지를 유지하려고 하면서 자신의 절대적인 가치를 중히 여긴다.
- Deerfield Academy(매사추세츠) 디어필드는 10개의 명문 중에서는 유일한 남자학교이다. 운동부가 뛰어나고 멋진 캠퍼스와 아울러 전통과 자부심이 대단하다.
- Groton School(매사추세츠) 그로톤은 상류사회의 자녀가 많고 학습면, 운동면에서 뛰어나다. 10개 명문 중에서는 가장 적은 규모이지만, SAT에서 최고 평균점을 기록하기도 했다.
- Northfield Mount Hermon School(매사추세츠) 노스필드 마운트 허몬은 천명의 학생과 400에이커의 학교를 가진 세계에서 가장 큰 대학준비학교이다. 나름대로 프레피 의식(Preppy:뽑힌 특수 계층이라는 의식)이 강한 학교이다.
- Phillips Andover Academy(매사추세츠) 통상적으로 앤도버라 불리며, 필립스 엑스터 아카데미와 같이 훌륭한 설비와 유능한 교사진, 좋은 운동경기 팀을 갖춘 우수한 학생들의 모임이다. 두 학교는 전통적으로 서로 최우수성을 주장하고 있다. 객관적으로는 엑스터를 최고의 고등학교로 꼽는다.
- Phillips Exeter Academy(뉴햄프셔) 일반적으로 엑스터라고 일컫는 이 학교는 대학준비학교의 하버드로 알려져 있다. 훌륭한 설비, 유능한 교사진, 경쟁력 있는 운동팀을 갖추고 있으며, 교과과정의 경쟁이 어느 학교보다도 심해 정신적인 압력을 받는 학생도 있다. 학교의 지명도도 높고 전통도 있어서 하버드대 진학률이 가장 높다.
- Pomfret School(코네티컷) 폼프렛은 근래에 들어 여러 면에서 가장 빠르게 성장하는 학교이다. 운동도 여러 분야에서 두각을 나타내고 있어 장래성이 있는 학교이다.
- St. Paul's School(뉴햄프셔) 세인트 폴은 예전부터 명예 있는 학교로 알려져 있으며, 세련된 교육을 제공한다. 단지 교육에 만족하지 않고 유명한 사람들과 만나는 사교도 제공될 뿐 아니라, 진학 면에서도 앤도버와 엑스터 다음 정도이다.
- The Hotchkiss School(코네티컷) 핫치키스는 상류사회의 자녀가 모인 학교로, 학교의 교육이념이 혁신적이다. 지적인 것을 강조하고 있어 성적 기준이 매우 엄격하고, 다른 학교에 비해 한 단계 정도 낮은 점수를 주고 있다.

명문가는 만들어진다

최근에 『부시 왕조』라는 책이 출간되었다. 자유 민주주의에서 권력이 세습되는 왕조란 있을 수 없다. 그러나 미국에는 부시 가문과 같이 권력이 세습된 가문들이 더러 있다. 물론 이는 선거에 의한 국민들의 선택이었다. 대표적으로 민주당 쪽의 케네디 왕조, 공화당 쪽의 부시 왕조를 들고 있다.

『부시 왕조』에 의하면, 현재 4대째 내려오고 있으며, 케네디 왕조보다 더 큰 힘을 발휘하고 있다고 한다. 부시 왕조는 현 부시 대통령의 증조할아버지, 즉 오하이오 주에서 버그아이 철강 회사를 창립, 경영한 사무엘 부시 회장과, 그 형제인 성공회 신부 제임스 스미스 부시로부터 시작된다. 그 두 형제는 미국 경제계와 종교계에서 막강한 영향력을 행사했다. 사무엘 부시는 그 힘을 토대로 아들 프레스코트 부시가 정계에 진출, 대성하드록 도울 수 있었다. 특히 막강한 경제력에도 불구하고 기독교 정신인 평등, 사랑, 정의를 토대로 자녀 교육을 했기 때문에, 프레스코트 상원의원은 국가와 사회를 위해 겸손히 헌신적으로 봉사하는 지도자로 명성을 구축할 수 있었다.

프레스코트 부시 상원의원 부인도 신앙에 기초한 자녀의 인격 교육을 훌륭히 한 것으로 널리 알려져 있다.

아들인 조지 부시 대통령은 학생 때 축구선수로 활동했는데, 시합을 마치고 돌아오면 그의 어머니는 항상 "오늘 너희 팀은 어땠니?"라고 물었지, "넌 어땠니?"라고 묻지 않았다. 대답을 듣고 나서는 "상대 팀은 어땠니?"라고 묻는 것도 잊지 않았다.

남의 아픔을 이해하고 동참하는 마음을 길러 주기 위해 독방 사용도 허락하지 않았다고 한다. 형제와 한 방을 쓰며 서로의 불편을 이해하고 고통을 나누는 마음을 배우지 못하면, 장차 지도자가 되었을 때 남의 고통을 이해하고 아픔에 동참하는 마음을 가질 수 있겠느냐는 의도에서였다.

그러한 가정 교육의 영향으로 41대 부시 대통령은, 80회 생일을 얼마 남겨놓지 않은 오늘까지 "백악관에서 대통령이 하는 일보다 더 중요한 일은 각 가정에서 자녀들에게 컴패션compassion, 즉 남의 아픔을 이해하고 동참하는 마음을 가르치는 것입니다."라고 강조한다.

가풍이라고 할까, 부전자전이라고 할까? 현 부시 행정부 정책의 뿌리도 기독교 가치관이다.

우선, 인간은 하나님의 형상대로 지음 받았기 때문에 창 1:27 존귀하고 평등하며 자유를 누릴 권리가 있다고 믿는다. 또한 사랑과 참여와 용기가 있는 곳에 정의 실현이 가능하다고 믿으며, 정의가 없는 곳에는 평화도 없다고 믿는다 눅 10:33-37. 이와 같은 영원한 가치 실현을 목적으로 하는 정책이 부시 행정부의 "온정을 베푸는 보수주의"이다.

2001년 9·11 사태가 있은 지 한 달 후, 전국으로 방송되는 기자회견을 마치고 부시 대통령은 1,600만 어린이들을 위한 교육 프로젝트를 소개했다. 전국 어린이들에게 자동차 세차를 하든지 남의 잔디를 깎든지 해서 일 인당 1달러씩 백악관으로 보내면, 그 돈을 아프가니스탄 전쟁고아들이 겨울을 따뜻하게 나는 데 쓸 것이라고 발표했다.

"여러분은 1달러를 낼 뿐이지만, 그보다 훨씬 크고 소중한 것을 얻을 수 있습니다. 섬기는 리더십의 근본은 컴패션, 즉 남의 아픔을 이해하고 그 고통에 함께하는 마음인데, 어려서부터 그런 착한 마음을 배우면 장차 섬기는 지도자들이 될 수 있기 때문입니다."

그 프로젝트는 언론의 적극적인 지지로 9백만 달러나 모금되

✼ 선한 사마리아인 이야기 눅 10:33-37

한 유대인이 길에서 강도를 만나 매를 맞은 채 버려졌다. 하지만 성직자도, 종교 지도자도 못 본 체 지나갔다. 자신들도 해를 당할까봐 두려웠던 것이다. 그때 이웃 나라인 사마리아 사람이 그 길을 지나게 되었다. 그는 강도 당한 사람이 너무 불쌍했다. 그래서 약을 발라 주고 나귀에 태워 근처 여관으로 옮긴 후, 주인에게 "제가 치료비와 숙식비를 드릴 터이니 이 환자분을 좀 돌보아 주십시오." 하는 부탁까지 하고 길을 나섰다.

_이 이야기는 진정한 사랑, 참여, 용기, 정의, 평화 등의 가치가 무엇인지 잘 보여 준다.

었다. 미국 전체 어린이의 절반을 훨씬 넘는 수가 참여한 것이다.

   부시 대통령은 취임할 때 재산이 2천 8백만 달러로 역대 대통령 중 가장 부유했다. 권력만이 아니라 부도 4대째 전승된 것이다. 부자 대통령이면서도 겸손하고 따뜻하고 친절한 시골 아저씨처럼 누구에게나 친근감을 느끼게 하는 것은 무엇보다도 가정교육에서 기인했다.

   사담 후세인 전 이라크 대통령이 조그만 땅굴에서 극적으로 체포되었을 때, NBC 투데이 뉴스 시간에 부시 대통령이 총사령관으로 출연했다. 프로그램 도중 진행자가 물었다.

   "부친과는 이에 관해 이야기를 나누셨나요?"

   "아버지가 바로 전화를 주셔서 통화했습니다."

   "무슨 이야기를 하셨나요?"

   "아버지는 이렇게 말씀하셨습니다. '아들 대통령, 축하하네. 참으로 기쁜 순간일세.'"

   이야기가 부자간에 따뜻한 정을 나누는 개인적인 쪽으로 흘러가자 진행자는 다시 질문을 던졌다.

   "그럼 어머니와는 사담 후세인 체포에 관해 대화를 하셨나요?"

   그 대답이 재미있었다.

   "아니오. 어머니와는 별다른 연락이 없었습니다. 하지만 어머니가 연락을 하셨으면 무슨 말씀을 하셨을지 알 것 같습니다. 분명 '너 텔레비전에 나올 때는 머리 좀 잘 빗고 나와야지.'라고 하셨을 것입니다."

바바라 여사 – 대통령의 아내, 대통령의 어머니

아마도 4대에 걸친 부시 왕조에서 가장 복된 여인은 현직 대통령의 어머니이며 전직 대통령 부인인 바바라 여사일 것이다. 여사는 19살 때 여성 명문대학인 스미스대를 중퇴하고 결혼하여 6남매를 낳았다. 가슴 아프게도 셋째 자녀가 네 살 때 루키미아백혈병, leukemia/non-Hodgkin's lymphoma:LNHL로 세상을 떠났지만 다섯 자녀를 훌륭히 양육했고, 남편이 예일대 학생에서 미국 대통령이 될 때까지 헌신적으로 내조했다. 그러한 이유로, 비록 결혼 때문에 대학은 졸업하지 못했지만 백악관 역사상 국민들의 사랑과 존경을 가장 많이 받은 영부인으로 기억되고 있다.

들끓는 반전 여론 속에서 이라크를 공격하기 전날 일이다. 텔레비전에 출연한 부시 대통령에게 진행자가 이런 질문을 던졌다.

"전쟁을 하느냐 안하느냐의 결정이 대통령에게 달려 있고, 그 결정에 따라 수많은 사람들의 생사가 결정되는데 그러한 결정을 앞에 놓고 편안히 잘 수 있습니까?"

대답은 간단했다.

"나는 주님께서 함께하신다는 신앙이 있고, 평화에 대한 믿음이 있기 때문에 편안히 잠잘 수 있습니다."

진행자는 계속 질문했다.

"그러한 신앙은 어디에서 온 것입니까?"

부시 대통령은 여전히 명료하게 대답했다.

"자라면서는 가정에서 배웠고, 결혼한 후에는 아내 로라와 함께 계속 키워가고 있습니다."

이처럼 부시 전 대통령 내외가 생활 속에서 자녀들에게 본을 보이고 가치 교육을 성공적으로 한 증거를 찾기는 어렵지 않다.

부시 전 대통령은 1992년 재선 실패도 긍정적으로 받아들이고 감사한다. "내가 그때 클린턴 후보에게 패하지 않았다면 오늘날 우리 아들 조지가 대통령이 되고 제브가 플로리다 주지사가 되는 일은 없었을 것입니다."

최근 집으로 취재차 방문한 기자가 바바라 여사에게 물었다.

"식구가 모두 몇 명이나 됩니까?"

"스물일곱입니다."

부시 전 대통령 내외에게는 아들 넷, 딸 하나가 있는데, 모두 결혼해서 총 열네 명의 자녀를 낳았다. 그러니까 아들 며느리, 딸 사위 모두 열 명에다 손자들 열네 명을 합치면 스물네 명이 된다. 거기다 두 내외를 더하면 스물여섯이다. 그런데 스물일곱이라니? 궁금해진 기자가 다시 물었다.

그랬더니 오히려 바바라 여사가 반문했다.

"아니, 우리 개도 있지 않습니까?"

그 프로그램은 바바라 여사의 일상생활을 취재하고자 했기 때문에, 모처럼 모인 식구들을 위해 부엌에서 손수 점심을 준비하는 모습이 카메라에 잡혔다. 점심식사 준비가 모두 끝나자 바바라 여사가 "점심시간!"이라고 외쳤다.

그러자 뒤뜰에서 놀던 손자들은 물론 남편 부시 전 대통령도 질서 있게 식탁으로 모이는 것이었다.

바바라 여사에게는 어디를 가나 쉽게 만날 수 있는 평범한 가정주부, 어머니 또는 할머니의 이미지가 물씬 풍긴다. 그것이 여사의 강점이다. 역대 영부인들 중 최고의 인기를 누리는 여사는, 자녀들에게도 평범한 사람들이 소중히 여기는 인간의 고귀한 가치를 가르쳤다.

자녀들도 초등학교와 중학교는 모두 공립학교에 보냈다. 텍사스 주가 원래 시골인데 텍사스에서도 미들랜드는 정말 시골이다. 그곳에서 부시 현 대통령과 그 아우인 제브 부시 플로리다 주지사도 초등학교와 중학교 교육을 받았다. 이처럼 다섯 자녀 모두 중학교까지 공립학교 교육을 받은 후, 고등학교부터는 사립 명문 고교에 다녔다. 장남 부시 대통령과 둘째 제브 부시 플로리다 주지사는 필립스 아카데미를 나왔고, 셋째 닐과 넷째 마

빈은 우드베리Woodberry를 나왔고, 막내딸 도로시는 내셔널 캐세드럴National Cathedral에서 고교 과정을 마쳤다. 요컨대 가정과 공립학교에서 인간의 고귀한 가치를 배우게 한 후, 그 기초 위에 사립 명문고교와 대학에서 지도자로서의 비전과 꿈을 키워가도록 했다.

로라 여사 – 대통령의 아내

부시 현 대통령 내외와 도널드 에번스 상무장관 내외는 텍사스 미들랜드에서 같은 초등학교를 다녔다. 학교를 다닐 때는 부시와 에번스 장관의 부인만 짝이라 서로 알았다. 그 여자 동창생이 같은 학교를 다닌 도널드 에번스와 결혼하게 되어 자연스럽게 부시와도 알게 된 것이다. 부시와 에번스 두 사람은 석유 산업 동업자가 되었다. 도널드 에번스가 나이 30이 되도록 결혼을 안한 친구 부시에게 초등학교 시절부터 알고 지낸 로라를 소개해 주었다. 로라 역시 30세로, 공립학교 교사 겸 도서관 사서로 일하고 있었다.

이렇게 소개받은 두 사람은, 같은 고향, 같은 학교 출신이라 공통된 친구, 공통된 추억을 지녔기에 급속도로 사랑을 키울 수 있었다. 그리하여 소개받은 지 6주 만에 약혼하고, 다시 6주 후 결혼하기에 이르렀다.

약혼을 결심하고 처음으로 로라를 부모님께 소개하는 자리에서 있었던 일이다. 장래 며느릿감을 처음 만난 아버지 부시는 "조지를 겸손하게 만들고 흥분을 가라앉힐 수 있는 좋은 내조자가 되겠구나."라고 했다고 한다. 한편 바바라 여사는 "대통령 영부인 자질을 갖춘 여성이로구나."라고 했단다. 당시 아버지 부시가 UN 대사를 거쳐 중앙정보부 부장을 할 때였다. 그러니까 장차 남편이 대통령이 되고 그 아들 역시 대통령이 될 것이라는 것은 전혀 예측하지 못할 때 한 말이다. 시부모가 될 부시 내외는 로라 여사의 여성적이고 얌전한 성품을 그렇게 긍정적으로 평가했는지도 모른다. 그러나 예측은 25년이 지난 후 정확한 현실로 이루어졌으니 참으로 놀라운 일이다.

『타임』지 로빈 터너 워싱턴 지국장이 『완전한 아내』 *Perfect Wife* 라는 제목으로 로라 부시 여사에 관한 책을 2004년 2월에 펴냈다. 그 책에서 로빈 터너는 로라 여사는 머리도 좋고, 수준 높은 교육도 받았으며, 독서를 많이 해서 지속적으로 자신을 향상시키고 있지만, 정치에는 전혀 관여하지도 않고 어떤 정치적 야망도 없다고 했다. 오히려 헌신적인 아내로서 남편을 잘 내조한다는 것이다.

한번은 부시 대통령이 연설 중 흥분해서 "생포하든 죽이든 오사마 빈 라덴을 제거할 것입니다!"라고 했다. 그러자 로라는 조용히 남편을 진정시켰다. "부시, 진정하세요. 당신이 가서 잡는 것도 아닌데……."

남편의 인기가 올라갈 때면 그 마음을 차분히 가라앉혀 주는 것도 로라 여사이다. "당신이 잘나서 올라가는 것이 아닙니다. 땅에 발을 꼭 붙이고 계세요."

또한 백악관 내에서는 정치 쟁점이 되지 않는 "조기 독서 프로그램"이나 심포지엄 등 문예 프로그램에 힘써 자신의 지적 욕구를 충족시키고 남편에게도 도움을 준다고 한다.

그 책에 따르면, 로라 부시 여사는 남편 정치 역정에 좋은 영향을 주고, 손상을 주는 일은 멀리하는 완전한 아내라 하겠다.

사실 부시 대통령을 움직이는 세 가지로 신앙, 로라 부시 여사, 운동을 든다. 그런데도 구설수에 오르지 않고 완전한 아내로 좋은 영향만 준다니 놀라운 일이다. 더욱이 이미 25년 전 처음 만나 그것을 예측할 수 있는 안목을 지녔던 부시 내외 역시 놀랍다.

로라 부시 여사는 미시간 주에서 철공장 근로자로 일하는 아버지와 주부였던 어머니 사이에 무남독녀 외동딸로 태어났다. 집이 가난해서 외동딸인데도 변변한 성탄 선물 하나 받지 못했다고 한다. 그러다 13세 때 처음으로 손목시계를 성탄 선물로 받았는데, 너무 좋아서 손목에 차지 않고 가슴에 품고 잤단다. 그러나 행복한 가정에서 부모님이 만들어 주신 아름다운 추억들, 교회 학교에서 배운 세상을 사는 지혜, 성탄절 때 친구들과 어울려 캐럴을 합창하던 일은 영원히 잊을 수 없다고 회고한다.

그러다 미시간에서 텍사스로 이사를 했다. 이 후 부모님이 부동산 소개 면허를 얻어 부동산 개발을 시작했고 그때부터 재정적으로도 부유해졌다. 덕분에 로라 부시 여사는 집안에서 최초로 대학과 대학원에 갈 수 있었다.

여사는 어릴 때부터 신앙심이 돈독하여 기독교 학원인 남감리교대학교에서 교육학과 도서관학을 전공으로 학부와 대학원 과정을 마쳤다. 졸업 후 교사와 사서로 봉직하다가 30세 때 현 부시 대통령과 결혼하게 되었다.

2001년 2월 1일 우리 내외가 백악관에 처음 초청되었을 때 일이다. 아내는 나의 안내자로, 운전기사로도 내조를 하지만, 전용 사진기사로도 봉사를 한다. 그날도 예외는 아니었다. 내가 로라 부시 여사와 대화를 나누고 있는데 아내가 그 모습을 찍도록 해 달라고 부탁을 했다. 그러자 여사는 "그러면 당신은 같이 찍을 수 없지 않습니까?"라고 하더니, 카메라를 달라고 했다. 그리고 곁에 있던 수행비서에게 세 사람이 함께 있는 모습을 찍어 달라고 했다. 그러한 영부인의 친절과 배려로 우리 내외가 영부인과 함께 찍은 소중한 사진이 남게 되었다.

영부인의 친절과 배려로 우리 내외가
영부인과 함께 찍은 소중한 사진이 남게 되었다.

지적 교육보다 태도와 가치 교육이 더 중요하다

지능, 적성, 창의력을 통칭하여 기본능력이라고 한다. 이러한 기본능력은 주로 유전에 의해 결정되기 때문에 개발 범위가 상대적으로 좁다. 그러나 태도와 가치관은 유전으로 결정되는 것이 아니라 100% 학습되는 것이기 때문에 무한한 개발 가능성이 있다. 인생 역정에서 생각과 태도를 바꾸면 전혀 다른 새로운 세상과 미래를 볼 수 있기 때문이다.

로빈 터너가 지은 『완전한 아내』를 보면 이런 일화가 있다.

17세 소녀시절 로라 부시 여사가 부모의 차를 운전하는 도중 대형사고가 났다. 반대편에서 달려오던 차와 충돌했는데, 그 차에는 여러 명의 십대 청소년들이 타고 있었다. 그 사고로 여사도 아는 인기 있는 학교 운동선수가 죽었다. 후에 그 소식을 알게 된 여사는 신중하고 겸손한 성격으로 바뀌었다. 불행한 사고를 통해 자신을 보고 인생을 보는 시각과 생각이 달라졌던 것이다.

그러한 과정을 거쳐 오늘날 자신을 내세우지 않은 채 대통령인 남편을 교만해지지 않고 겸손하도록 붙잡아 주고 지나치게 흥분할 때 진정시키는 완전한 아내로 인정받고 존경받는 영부인이 될 수 있었다.

한편 부시 대통령 부자는 장애인에 대한 특별한 관심과 애정을 가지고 있다. 아버지 부시는 세살짜리 아들 로빈이 루키미아에 걸려 하루하루 죽음에 다가가는 것을 지켜보면서 장애아를 가진 부모나 장애인의 절망과 고뇌를 이해하는 마음을 가질 수 있었다고 한다.

로빈이 죽어서 셋째가 된 닐이 학습장애로 읽기에 문제가 있어 바바라 여사가 개인지도를 하면서 남의 아픔에 동참하는 마음도 배울 수 있었다고 그의 자서전 『최선을 다하여』*All the Best*에서 회고하고 있다. 그 결과 아버지 부시는 미국 5천 4백만 장애인들의 평등권을 보장하는 "미국장애인민권법"에 서명하였고, 그것을 대통령 임기 동안의 국내 정책 중 가장 큰 소득이었다고 자랑스럽게 이야기한다.

아들 부시 대통령은 다른 경로를 통해 장애인에 대한 긍정적 태도를 습득했다. 그의 고교인 필립스 아카데미의 선생님 중 한 분이 휠체어를 타는 소아마비 장애인이었던 것이다. 그 선생님께 미국사를 배우면서 소년 부시는 큰 감동을 받아 고교 은사 중 가장 존경하는 은사로까지 여기게 되었다. 미국사를 배운 지 34년 후 미국 43대 대통령으로 당선되자, 그 선생님께 취임식 준비위원장을 맡아달라는 편지를 보냈다. 그 선생님은 부시 대통령과 정당이 달라 민주당 소속이었지만, 그것은 문제가 되지 않았다. 이 아름다운 사제간의 이야기는 『뉴욕 타임스』지에 대서특필된 바 있다.

또한 부시 내외를 만나게 해준 도널드 에번스 상무장관 내외에게 중증 장애인 딸이 있어 장애인에 대한 관심이 더욱 커졌다. 도널드 에번스 내외와 부시 내외는 성경공부 클럽을 조직해서 2주에 한 번씩 만나 성경공부를 하기도 했다. 1984년 석유회사가 위기에 직면했을 때 두 사람은 신앙과 기도로 술을 끊기로 결심하고, 나이 40세 때 함께 술을 끊기도 했다. 2000년 대선 때 도널드 에번스는 선거운동 본부장을 맡기도 했다.

효자로서 부친의 뜻을 이어받는 의미도 있었고 선거운동 본부장을 성공적으로 해낸 우정도 생각해서였는지, 부시는 43대 미국 대통령으로 취임한 후 첫 법안으로 장애인들의 완전 통합과 참여를 위한 법NFI:New Freedom Initiatives을 의회로 보냈다.

GEORGE WALKER BUSH

조지 부시_ 백악관에서 부시 대통령의 하루는 기도로 시작된다. 그러고 나서 성경 본문과 함께 간단한 설교문이 있는 오스왈드 챔버스의 묵상집을 읽는다. 그 다음에야 집무실로 내려가 대통령으로서의 업무를 시작한다고 한다. 매일 매일 기도하고 성경을 읽은 후에야, 보고서를 읽기 시작하는 것이다.

부시 대통령은 중요한 결정을 내리거나 결재를 할 때도 늘 먼저 기도한다. 때문에 백악관 내에서 대통령이 기도하는 모습을 보기는 그리 어렵지 않은 것으로 알려져 있다.

또한 백악관 내에 성경공부 모임 조직을 허용한 것은 아이젠하워 대통령이지만, 케네디 대통령 이후 자취를 감추었다가 부시 대통령 임기 중 다시 활성화되고 있다. 자유 진보 언론들이 문제 삼자, 대통령이 된 후 모임을 시작했다면 문제가 되겠지만 정계 진출 전부터 오랫동안 해왔는데 대통령이 되었다고 라이프스타일을 바꾸어야 하느냐고 지혜롭게 답해서 여론을 잠재우기도 했다. 그는 모임에 참석하는 직원들에게 성경공부가 주일 예배를 대체하는 것은 아니라고 강조하기도 한다.

부시 대통령은 성공회 신부가 있었던 가문에 태어나 비교적 자유 진보적인 신앙을 가졌다가, 가족 별장에 방문했던 빌리 그레이엄 목사를 만나 거듭난 신앙을 가지게 되었다. 결혼 후에도 로라 부시 여사와 더불어 복음주의 신앙을 지키면서 다른 신앙을 가진 사람들을 존중하며 폭넓게 포용하고 있다.

그 법안을 의회로 보내던 2001년 2월 1일 행한 연설에서 부시 대통령은 "……권력은 지위에서 나오는 것이 아니라 당신이 믿고 있는 것으로부터 나옵니다."라는 명언을 남겼다. 당신은 지금 무엇을 믿고 있는가? 바로 그것에서 힘과 권력이 나온다!

백악관을 신앙 공동체로 만든 부시 대통령

미국 역대 대통령들 중 링컨, 아이젠하워, 그리고 현 부시 대통령은 기독교적 신앙에 근거한 국가 통치를 한 것으로 널리 알려져 있다. 그런데 재미있는 것은 공화당의 시조인 링컨을 위시해서 세 사람이 모두 공화당이라는 것이다. 그것은 우연한 일이 아니다. 공화, 민주 양당 중 공화는 보수 정당이고 민주는 진보 정당이다. 일반적으로 공화당이 복음주의적 기독교인들을 지지층으로 대거 확보하고 있다.

대통령이 되기 전부터 신앙이 돈독했던 세 대통령들은 재임 기간 중 백악관을 믿음의 터로 활용했다.

링컨은 남북전쟁이라는 미국 역사상 최대 위기에 직면해서 그러한 위기를 기회로 바꾸시는 하나님의 지혜를 구하는 기도실로 백악관을 사용했으며, 아이젠하워는 2차세계대전 후 야기된 냉전 상황에서 공산주의 무신론자들과 대전하는 하나의 방편으로 백악관에서 성경공부 클럽을 처음으로 만들었다.

한편 43대 현 부시 대통령은 새천년 21세기 첫 미국 대통령으로, 국내외적으로 두 가지 전쟁을 효율적으로 수행하기 위해 백악관을 신앙 공동체로 만들었다.

국내적으로는 각종 사회 문제들과의 전쟁이다. 마약 중독, 흉악 범죄, 십대 미혼모, 이혼, 동성애 결혼 등의 여러 사회 문제를 정부가 모두 해결하기에는 한계가 있다. 또한 경제 성장, 즉 돈만으로도 해결할 수 없다. 그러나 복음서에서 가르치는 컴패션의 군대 Army of Compassion로 서로를 이해하고 사랑할 때 많은 사회 문제들과 전쟁에서 승리할 수 있다고 믿는다. 그래서 백악관은 물론 민생과 직접 연결되어 있는 연방정부 7개 부서에 "신앙에 기초한 지역사회문제해결센터" Center for Faith based and Community Initiative가 운영되고 있다.

국외적으로는 테러와의 전쟁이다. 하나님은 인간을 그분의 형상대로 창조하시고 자유와 평등을 주셨다. 테러는 그러한 미국의 기본 가치를 파괴한다. 그러므로 어떠한 희생이 있더라도 테러와의 전쟁에서 승리하여 하나님께서 허락하신 미국의 가치, 즉 자유와 민주주의를 수호하고 정의를 실현해야 한다고 믿는다. 정의가 실현되지 않고는 평화도 있을 수 없다. 요컨대 테러와의 전쟁에서 승리하는 것만이 자유 민주주의의 가치를 보존하고 정의를 실현하여 세계 평화를 가져올 수 있다는 것이며, 이것이 부시 행정부 정책의 믿음인 것이다.

백악관에서 부시 대통령의 하루는 기도로 시작된다. 그러고 나서 성경 본문과 함께 간단한 설교문이 있는 오스왈드 챔버스의 묵상집을 읽는다. 그 다음에야 로라 부시 여사에게 커피 한 잔을 만들어 주고, 집무실로 내려가 대통령으로서의 업무를 시작한다고 한다. 매일 매일 기도하고 성경을 읽은 후에야, 보고서를 읽기 시작하는 것이다.

부시 대통령은 중요한 결정을 내리거나 결재를 할 때도 늘 먼저 기도한다. 때문에 백악관 내에서 대통령이 기도하는 모습을 보기는 그리 어렵지 않은 것으로 알려져 있다.

또한 백악관 내에 성경공부 모임 조직을 허용한 것은 아이젠하워 대통령이지만, 케네디 대통령 이후 자취를 감추었다가 부시 대통령 임기 중 다시 활성화되고 있다. 자유 진보 언론들이 문제 삼자, 대통령이 된 후 모임을 시작했다면 문제가 되겠지만 정계 진출 전부터 오랫동안 해왔는데 대통령이 되었다고 라이프 스타일을 바꾸어야 하느냐고 지혜롭게 답해서 여론을 잠재우기도 했다. 그는 모임에 참석하는 직원들에게 성경공부가 주일 예배를 대체하는 것은 아니라고 강조하기도 한다.

유유상종이란 말이 있다. 생각이나 가치관이 같은 사람들끼리 모인다는 뜻인데, 대통령 인사에도 그러한 원리가 반영된다. 자기 분야에서 실력을 갖추고 맡은 바 소명을 다할 수 있는 유능한 인재들 중에서, 기왕이면 믿음과 가치관이 유사한 사람을 닮이 채용하게 마련이다.

부시 대통령은 성공회 신부가 있었던 가문에 태어나 비교적 자유 진보적인 신앙을 가졌다가, 가족 별장에 방문했던 빌리 그레이엄 목사를 만나 거듭난 신앙을 가지게 되었다. 결혼 후에도 로라 부시 여사와 더불어 복음주의 신앙을 지키면서 다른 신앙을 가진 사람들을 존중하며 폭넓게 포용하고 있다.

앞서도 얘기했지만, 도널드 에번스 상무장관은 텍사스에서부터 부시 대통령과 함께 성경공부 모임을 가져온 가까운 친구이다.

최근까지 대통령 인사국장으로 있다가 예산국장으로 자리를 옮긴 클레이 존슨은 고교 동창으로, 국가 통치 비전과 철학을 같이하여 텍사스 주지사 시절 비서실장이었으며, 백악관 비서실 차장으로서 부시 행정부를 이끌어가는 인재 등용과 관리를 담당해 왔다. 부시 행정부 인재 등용의 3대 기준인 최고의 능력, 최고의 도덕성, 최고의 전문성은 클레이 존슨 인사국장이 만든 것이라 한다.

부시 대통령은 이 외에도 로라 부시 여사를 위시해 신앙의 동지들을 측근에 두고 있다. 앤드루 카드 비서실장 부인은 목사이고, 국가안보보좌관 콘돌리자 라이스는 목사의 딸이다. 존 애슈크로프트 법무장관은 부친과 조부가 목사였다. 무엇보다도 대통령 연설문을 작성하는 마이클 거슨 보좌관은 복음주의자들의 하버드대라 불리는 휘튼대 출신으로, 거부감 없이 성경적 신앙을 대통령 연설문에 반영하는 귀재로 알려져 있다.

부시 대통령은 취임 이후 지난해 5월까지 모두 23번 대중연설을 했는데 연설마다 성경적 신앙을 직접 또는 간접적으로 반영하여 일반인들에게 공감을 자아내왔다. 2001년 9·11 뉴욕세계무역센터 테러 사건 때도 텔레비전에 출연, 다음과 같은 연설을 했다.

"……미국이 공격을 받아 죄 없는 엄청난 수의 사람들이 희생되었습니다. 나는 먼저 그 희생자들과 가족들을 위해 기도합니다. 여러분들도 내 기도에 동참해 주십시오. 그들의 희생은 결코 헛되지 않을 것입니다."

준비된 원고도 아니었는데 즉흥 연설에서 자연스럽게 신앙이 반영되어 나왔고, 그것이 대선으로 나누어졌던 전국을 하나로 통합하는 계기가 되었다는 언론들의 평가를 받았다.

부시 대통령은 이 외에도 신앙이 담긴 발언을 여러 차례 했다. 컬럼비아 우주선이 지구에 귀환하지 못했을 때도 "……우주선에 탑승했던 과학자들이 지구로 안전히 돌아오지는 못했지만 고향으로 안전하게 귀환했습니다. 그곳에서 우리를 기다리고 있습니다."라고 했으며, 이라크 전쟁 전후에도 "하나님, 창조주, 절대자께서 주신 자유를 수호하고 국가 안전을 위해 전쟁이 필요합니다."라고 했다.

2000년 대선 때 후보들에게 가장 존경하는 분이 누구냐고 물은 적이 있다. 그때 부시 후보는 주저하지 않고 "예수 그리스도"라고 답했다. 삽시간에 빈정거리는 말들이 전파를 타고 미국 전역에 퍼져 행여 부정적 영향이 선거에 미칠까 우려하는 이들도 있었으나 오히려 긍정적 효과가 있었다는 분석이 나왔다. 존경하는 인물로 예수를 꼽은 이유를 묻는 질문에, "예수는 나와 내 인생을 변화시켰기 때문입니다."라고 솔직하게 고백한 태도 때문이었다.

이와 같이 부시 대통령은 젊은 날의 방종에도 불구하고 하나님의 위대한 인물로 길러졌다. 이미 때가 늦었다고 한탄하지 말라. 인물이 되는 데 있어 너무 늦은 때란 없다.

낙오되었다고 낙심하지 말라. 나는 시력을 잃고 18세 때 중학교 1학년부터 다시 시작해야 했지만, 현재는 세계 최강국인 미국 연방정부 최고 공직자 중 하나로 이 글을 쓰고 있다.

가난해서 할 수 없다고 말하지 말라. 나는 양친과 누나마저 하늘나라로 떠난 후, 배고픔 좀 면할 수 있게 해달라고 기도한 사람이었다. 그러나 사랑하는 아내와 함께 열심히 일해서 두 아들을 사립 명문 고교에서 대학원까지 교육시켜 세상이 필요로 하는 인물로 기를 수 있었다.

편견과 차별이 있다고 불평하지 말라. 나는 이민자에 대한 인종차별, 장애인에 대한 차별, 약자에 대한 차별을 극복하고 모두가 부러워하는 명문가를 이룰 수 있었다.

그렇다면 당신도 할 수 있다!

CHALLENGES & OPPORTUNITIES

02
Competence
첫째, 실력은 기본이다

미국 연방정부 공무원의 수는 450만에 달한다. 그 가운데서도 2,500명의 공직자들은 대통령에 의해 임명되기 때문에 정권의 비전을 공유하고 그것을 현실화하기 위해 노력하고 있다. 대통령에게 임명받은 2,500명 중 500명은 임명동의안이 상원 인준을 받아야 하는 핵심인물들이다. 직급은 장관에서 부차관보까지 5개 등급으로 나누어져 있다.

나는 유학생 신분으로 미국 땅에 와서 이민 1세로 정착하여 부시 행정부의 최고 공직자 중 일인이 되었다. 그런데 대통령 임명을 받아 내정자로서 철저한 신원 조회를 받는 동안 백악관 법률 고문단 사무실에서 『대통령이 내정한 사람들을 위한 지침서』The Survivor Guide for Presidential Nominees라는 책을 한 권 받았다. 그때까지 정확히 25년 동안 미국에서 교수로, 교육가로, 봉사자로 주류 사회에서 눈부신 활동을 해왔다고 자부심을 가졌었는데, 그 책에는 내가 젊은 날 미리 알았으면 좋았을 내용들이 가득했다. 그 내용들을 혼자서 정리하면서, 미래를 내다보고 자녀를 양육해야 하는 젊은 세대에게 전해 주면 좋겠다는 생각을 하게 되었다.

우선 미국 최고 공직자 선정 기준은 최고의 능력, 최고의 도덕성, 최고의 전문성이다. 이 3가지 기준을 교육 현장에서 일상적으로 쓰이는 용어로 바꾸어 3C로 요약해 보았다.

- 실력 Competence
- 인격 Character
- 헌신 Committment

실력, 인격, 헌신 이 3가지 기준 모두가 중요하고 서로 연결되어 있지만, 그중에서도 실력은 가장 기본이다.

실력은 꿈을 실현하는 도구이다

"실력을 기르라!"는 말을 자주 듣는데, 무엇을 위해 실력을 기르는 것인지 불분명할 때가 많다. 다음 예화를 보자.

> 어떤 행인이 다리를 건너는데 밑에서 세 사람이 벽돌을 굽고 있었다.
> 행인은 그들에게 물었다.
> "지금 무엇을 하고 있소?"
> 세 사람은 제각기 다른 대답을 했다.
> "벽돌을 굽고 있습니다."
> "가족의 생계를 위해 돈벌이를 하고 있습니다."
> "저 멀리에 세워질 큰 성전을 생각하면서
> 거기에 필요한 벽돌을 한 장 한 장 만들고 있습니다."

첫 번째 사람은 아무런 목적도 없었고, 두 번째 사람은 육안으로 볼 수 있는 현실적인 목적이 있었으며, 세 번째 사람은 선명한 비전으로 바라본 분명하고 장기적인 목적이 있었다. 우리는 예화에 나온 세 사람의 타고난 능력과 재능의 차이는 모른다. 그렇지만 그 세 사람이 각기 어떤 인생을 살 것인가는 어렴풋이 예측해 볼 수 있을 것이다.

당신은 무엇을 위해 실력을 기르고 있는가?

이와 같은 맥락에서 실력 양성도 생각할 수 있다. "당신은 무엇을 위해 실력을 기르고 있는가?" 대부분의 사람들은 무엇 무엇이 되기 위해서라고 대답할 것이다. 그러나 무엇이 되는 것이 인생의 궁극적인 목적은 아니다. 무엇이 되어서 어떻게 사느냐가 더욱 중요한 것이다. 다시 말하면 육안으로 보는 현실적인 세상이 아니라, 선명한 비전으로 보는 아름다운 세상을 위하여 공들여 실력을 쌓는 것이다. 그러한 인생의 선명한 비전과 분명한 목적이 있으면 성취 동기가 유발되어 최고의 실력을 갖출 수 있다.

타고난 능력이 부족하다고 탓하지 말라. 존 F. 케네디 대통령은 지능지수 116에, 매일 스테로이드를 대량 투약해야 생존이 가능했던 지병을 가지고도 현대의 위대한 영웅들 중 하나가 되었다.

작은아들 진영이가 연방 상원법사위원회 법률고문이 되기 전에 승진을 준비하면서 있었던 일이다. 나는 중요한 연설문이나 편지는 항상 진영이에게 교정을 부탁해 왔다. 진영이는 내가 박사학위를 받고난 후 태어났는데, 초등학교에 다닐 때부터 내 편지나 연설문을 교정해 주거나 편집해 왔다. 그런데 상원 입법보좌관이 된 후부터는 매일 밤늦게까지 퇴근을 못해 중요한 편지 교정이 계속 밀렸다. 은근히 화가 난 나는 전화로 따졌다.

"실력이 모자라서 밤늦게까지 퇴근을 못하는 것이니? 이제는 맡은 일에 익숙해질 때도 되지 않았니?"

그랬더니 전화로는 아무 말 안하고 참았다가 다음날 팩스로 내게 편지를 보냈다.

"……아버지는 저를 모욕하는 말씀을 하셨어요. 제가 능력이 부족해서 일이 밀려 밤늦게까지 퇴근을 못하는 것이 아니에요. 법률고문으로 승진할 목적으로, 맡은 일을 다 해놓고 나서 오는 8월에 그만 두는 법률고문의 일을 도와주면서 배우고 있어요."

그 편지를 받고 아들에게 너무나 미안하여 사과편지를 보냈다. 진영이는 이와 같이 승진을 목적으로 열심히 실력을 닦아 입법보좌관에서 법률고문으로 9개월 만에 승진, 수백 명 상원 고문변호사 중 최연소 법률고문이 되었다. 뿐만 아니라 근무시간 외에 일한 시간에 대한 보상도 보너스 형식으로 받을 수 있었다.

나무를 보기 전에 숲을 보라

 나는 현재 불빛도 구별할 수 없는 완전 맹인이다. 하지만 시기억을 통해서는 볼 수 있다. 다시 말하면 중학교 시절까지 보았던 기억이 있어서 시각적 영상화가 가능한 것이다. 하지만 내가 보는 것이 실제 시력을 가진 사람들이 보는 것과 똑같지 않을 수도 있다.

 그렇다고 모든 맹인들이 시각화해서 볼 수 있는 것은 아니다. 5세 미만에 실명한 선천적 맹인들은 시기억이 존재하지 않기 때문에 시각적 영상을 통해 볼 수 없다. 그런데 아이러니컬하게도 비전에 대해 가장 분명하게 가르쳐 준 사람은 선천적 맹인이면서 듣지도, 말하지도 못했던 헬렌 켈러이다.

 그녀에게 보지 못하는 맹인과 듣지 못하는 농인 중 누가 더 불쌍하냐고 물었다. 그 대답은 맹인도 농인도 아닌, "시력은 있으되 비전이 없는 사람"이었다!

 우리는 육안으로는 시야를 벗어난 세상을 볼 수 없다. 또한 아직 살아보지 않은 인생도 내다볼 수 없다. 세상과 미래를 선명하게 내다보고 목적을 세우고 그 목적을 달성하는 계획을 세우도록 하는 것은 두뇌 속에 있는 상상의 비전이다.

 그러한 비전으로, 숲 속에 들어가 나무 한 그루 한 그루를 살

학문 전체의 구조를 보라!

학문하는 방법을 배우라!

발견학습으로 지적 흥분을 느껴라!

_제롬 브루너

JEROME BRUNER

제롬 브루너_ 미국의 심리학자, 교육자. 브루너의 연구는 아동의 지각 학습 기억 및 인지에 대한 연구로 피아제의 인지 발달단계 개념을 교과과정에 도입하는 데 도움을 주었으며, 여러 언어로 번역된 저서 『교육의 과정』 *The Process of Education* 은 교과과정 개편에 큰 영향을 미쳤다. 이 책에서 그는 어떤 과목이라도 적절한 방식으로 제시하기만 하면, 특정 발달단계에 있는 아동 누구에게나 가르칠 수 있다고 주장했으며, 아동의 개별적인 가치기준이 그들의 지각에 큰 영향을 미친다고 결론지었다.

브루너는 또한 인지심리학의 아버지로 불리는데, 인지심리학이란 '인지과정'에 관심을 갖는 심리학의 한 분야이다. 인지심리학은 컴퓨터의 발달과 보조를 같이 해왔는데, 특히 인간을 컴퓨터와 같은 일종의 정보처리체계자로 보는 경향이 있다.

제롬 브루너가 몸 담았던 하버드대학교 ▶

펴보기 전에 밖에 서서 숲 전체를 볼 수 있는 능력을 개발해야 한다. 그것이 실력을 기르는 데 아주 중요한 부분이다.

인지 심리학의 아버지로 불리는 제롬 브루너가 지금도 고전으로 분류되는 『교육의 과정』에서 지식보다 먼저 전체 학문 구조를 파악하게 하라고 한 것이 정설이 된 지는 오래다.

기억하자. 지식이나 정보 하나하나를 먼저 보기 시작하면, 전체를 보는 비전을 개발할 수 있는 기회를 상실하게 된다.

학문 전체를 보는 비전도 가정에서 유아기 때부터 훈련할 수 있다. 특별한 교육법이 있는 것이 아니라, 부모가 사물을 볼 때 전체를 먼저 보고 부분을 볼 수 있는 기회를 제공하는 것이다. 예를 들면 하나, 둘, 셋 하며 세는 법을 가르치기 전에, 열, 백, 오백, 천의 개념을 먼저 소개할 수 있다. 세는 것을 가르치는 것이 아니라 열 개, 백 개, 오백 개, 천 개 각각 구슬을 꿰어 만든 교육 자료를 보여 주면서 알려 주면 "열보다 백은 크다 또는 많다."라는 개념을 형성할 수 있다. 또한 "백보다는 오백이, 오백보다는 천이 크다 또는 많다."라는 개념 형성 훈련도 된다. 거주하는 고장을 자녀들에게 소개할 때도 지구, 아시아, 한국, 서울 순으로 지구 전체를 먼저 보는 비전을 주고 그 속에 포함된 좁은 지역 순으로 보게 해줄 수 있는 훈련이 필요하다.

나는 큰아들 진석이가 세 살 때 박사학위를 받았다. 안타깝게도 그때가 졸업에 대한 선명한 비전을 심어줄 좋은 학습기회였다는 사실을 뒤늦게야 깨달았다.

졸업식 며칠 전에 집에서 학위 가운이 잘 맞는지 입어보았다. 진석이는 그때까지 식복을 본 적이 없었다. 그때 내가 입학과 졸업을 설명해 주고, 다섯 번째로 졸업할 때 그러한 박사학위 가운을 입는다고 설명해 주었으면 좋았을 것인데 그대로 지나쳐 버렸다. 그랬더니 나름대로 생전 처음 보는 그 이상한 옷은 아버지처럼 앞 못 보는 사람이 입는 것으로 생각한 모양이었다. 졸업식장에 도착한 진석이는 이렇게 외쳤다.

"와, 맹인들이 정말 많아요!"

그 소리를 듣고 나 말고도 맹인 졸업생들이 더 있는 줄 알고 아내에게 물었더니 맹인 졸업생은 아무도 없다고 했다.

이처럼 평범한 일상생활에서 그냥 지나쳐 버리기 쉬운 학습기회를 포착하여 전체를 보는 눈을 훈련시키는 것이 중요하다.

부시 대통령 부자는 통치 비전과 그 스타일이 아주 대조적이다. 언론에 의해 대중들에게 심어진 이미지도 아주 다르다. 아버지는 머리가 좋아서 필립스 아카데미와 예일대에서 최우등생으로 공부했는데, 아들은 같은 고교와 대학은 다녔지만 공부는 등한시하고 파티만 좋아했다고 한다. 또한 아버지는 하원의원, UN대사, 중앙정보부 부장, 부통령 등을 거쳐 대통령이 된 반면, 아

학습기회를 포착하여 전체를 보는 눈을 훈련시키라!

들은 아무런 정치적 경력 없이 텍사스 주지사 경력 총 6년으로 대통령에 당선되었다.

그러니까 지식이나 경험으로 본다면 아버지와는 비교할 수가 없다. 그러나 아들 부시는 아버지에게 부족했던 비전이 있어서, 비록 지식과 경험은 부족하지만 보수 신앙에 근거한 온정을 베푸는 보수주의 정책을 대담하게 추진해 나가고 있다는 평을 받고 있다. 미국 역사상 최대 감세 정책이 성공하고 있어 경제가 회생되고 있고, 아프가니스탄 전쟁을 승리로 이끌었으며, 이라크 전쟁도 현재 논란이 있지만 결국은 긍정적 평가를 받을 것이라는 전망이 나오고 있다.

최근 클린턴 전 대통령은 아버지 부시가 자신에게 패배한 것은 "과거 업적을 내세우고 미래에 어떻게 할 것인가를 충분히 보여 주지 못했기 때문"이라고 회고하기도 했다. 정보화 시대에 지식과 정보가 실력의 중요한 부분이라는 것을 부인하는 것은 아니다. 하지만 그것은 나무에 해당하는 것이다. 그러한 지식과 정보가 모여서 형성되는 전체 숲을 볼 수 있는 비전을 먼저 가져야 한다는 말이다.

집중력과 시간 관리 능력을 개발하라

미국 공립학교 수업일수는, 다소 차이는 있지만 180일을 기준으로 하고 있다. 사립학교에서는 이보다 30일이 적은 150일이다. 또한 하루 수업시간은 오전 3시간, 오후 3시간 모두 6시간 내에서 이루어진다. 이에 비해 한국에서는 연간 수업일수가 미국 공립학교보다 30일이 많고 사립학교보다는 60일이 많다. 하루 수업시간도 미국의 6시간보다 훨씬 많아서, 한국 학생들은 잠자는 시간을 빼놓고는 하루 대부분을 책상 앞에 앉아 있는 건 아닌가 싶을 정도이다. 그러다 보니 고등학교 때까지는 한국 학생들이 학과목에 대한 지식이 앞서는 경향이 있다.

그러면 한국 학생들이 미국 학생들에 비해 실력도 낫다고 할 수 있을까? 글쎄다. 시험 점수는 높을지 몰라도 실력이 낫다고 하기는 어려울 것이다. 왜냐하면 실력에는 집중력과 시간 관리 능력도 포함되기 때문이다.

집중력은 훈련으로 키울 수 있는데 한국 학생들은 늘 공부만 하고 있으니 집중력을 개발할 기회를 갖기가 어렵다. 집중력이라는 것은 공부할 때는 집중해서 무섭게 하고, 놀 때는 실컷 놀고, 과외활동을 할 때는 열심히 과외활동을 하면서 발달된다.

시간 관리 능력도 마찬가지이다. 그런데 많은 한국 가정에서는 부모들이 자녀들의 시간을 대신 관리해 주기 때문에, 자녀들이 우선순위에 따라 시간을 배정하고 관리할 기회가 별로 없다. 이는 대학이나 대학원에 진학해서 미성취자, 낙오자들이 속출하는 주요 이유 중 하나이기도 하다. 시간은 누구에게나 똑같이 주어진다. 정해진 시간 내에 우선순위에 따라 시간을 배정하고 관리하면서 조화를 이루어가는 능력이 결여되어 있으면 사회에 나와서도 낙오자가 되는 것은 당연하다.

클린턴 행정부에서 재경부 장관을 지낸 로버트 루빈이 회장으로 있는 세계적인 금융회사 시티 그룹 세미나에서 있었던 일이다. 강사가 강의 중에 항아리 하나를 꺼내 테이블 위에 올려놓고 간단한 실험을 보여 주었다. 강사는 먼저 항아리를 큰 돌로 채우고 청중에게 "이 항아리가 채워졌습니까?"라고 물었다. 많은 사람들이 "예"라고 대답했다. 그랬더니 강사는 책상 밑에서 자갈을 꺼내 항아리에 부었다. 그러고는 다시 물었다. "항아리가 채워졌나요?" 사람들은 이번에는 "글쎄요."라고 대답했다. 그러자 강사는 다시 모래주머니를 꺼내 항아리에 부었다. 그리고 마지막으로 항아리에 물을 부었다!

이 간단한 실험이 당신에게는 무엇을 의미하는가? 누구에게나 인생은 정해져 있다. 학생들은 그러한 정해진 인생의 절반 가까이를 장래를 위해 공부하며 보낸다. 하지만 공부를 하면서 운동도 하고 봉사도 하고 여가도 즐겨야 한다. 사회에 나와서도 마찬가지이다. 회사 일도 바쁘게 해야겠지만, 가정에서 정원도 가꾸고 가족과 함께 여가도 즐기며 주일에는 교회도 가야 한다. 그러한 모든 일을 효율적으로 해내려면 한 가지 한 가지 일을 집중력을 가지고 해야 하고, 일에 우선순위를 정해 시간 관리를 철저히 해야 한다.

그런데 어떤 사람들은 돌, 자갈, 모래, 물 가운데 한 가지 도는 두 가지만으로 항아리를 채운다. 또한 자갈이나 모래로 먼저 항아리를 채워 큰 돌은 넣어 보지도 못하는 사람들도 있다. 큰 돌을 제일 먼저 넣지 않으면 영영 들어갈 자리가 없다. 우선순위를 정해서 순서대로 큰 돌, 자갈, 모래, 물의 순으로 넣으면 이 네 가지는 서로 방해하지 않고 조화를 이루어 항아리를 꽉 채울 수 있다.

명문 고교나 대학 또는 대학원에서 학생을 선출하는 기준은 크게 세 가지다. 첫째는 기본 능력이요, 둘째는 성취 수준이요, 셋째는 집중력과 시간 관리 능력이다. 명심하라. 자녀들이 부모 품안에 있을 때는 시간 관리를 도와줄 수도 있고 대신해 줄 수도

● 시티그룹 세미나에서 보여 준 실험

어떤 사람들은 돌, 자갈, 모래, 물 가운데 한 가지 또는 두 가지만으로 항아리를 채운다. 또한 자갈이나 모래로 먼저 항아리를 채워 큰 돌은 넣어 보지도 못하는 사람들도 있다. 큰 돌을 제일 먼저 넣지 않으면 영영 들어갈 자리가 없다. 우선순위를 정해서 순서대로 큰 돌, 자갈, 모래, 물의 순으로 넣으면 이 네 가지는 서로 방해하지 않고 조화를 이루어 항아리를 꽉 채울 수 있다.

있지만, 일단 집을 떠나게 되면 자녀는 홀로 서야 한다.

당신 인생에서 큰 돌, 자갈, 모래, 물은 무엇인가? 당신 자녀들은 지금 그것을 구별해서 우선순위를 정해 순서대로 배정하고, 시간 관리를 하는 능력을 가정에서부터 기르고 있는가?

생활 속에서 본을 보이라

내가 실명하게 되었을 때 가장 절망스러웠던 것 중 하나는 글을 쓰고 읽을 수 없다는 것이었다. 다시 말하면 문자 생활이 불가능하게 생각되었던 것이다.

그런데 지금의 나는 글과 강연을 통해 하나님께 영광을 돌리고 사회봉사도 하며 명성을 얻었다. 20년 전 최초로 저술한 『빛은 내 가슴에』는 여섯 나라 말로 번역 출간되었고, 십만 권 이상 판매된 『우리가 오르지 못할 산은 없다』는 금년에 일본 생명의 말씀사에서 일본말로 출간되었으며, 7월에는 미국 감리교 교단 출판사인 에빙던 프레스에서 영어판이 나오게 된다. 이어 내년에는 중국어판이 홍콩에서 출간될 예정이니 참으로 기적과 같은 일이 아닐 수 없다.

이는 인생의 큰 돌을 정하고, 그 다음 자갈, 모래, 물 순위로 우선순위를 정하는 능력을 개발하고, 이에 따라 집중력과 시간 관리 능력을 발전시킬 수 있도록 인도하신 하나님의 은혜로 인해 가능했다.

나는 점자, 녹음기, 타자기로 문자 생활을 해왔다. 최근에 와서는 컴퓨터가 추가되어 훨씬 편리해졌다. 그런데 촉독은 시독에 비해 그 속도가 세 배로 느리다. 그러니까 눈으로 보는 사람이 1시간 걸릴 것을 보지 못하는 사람은 3시간이 걸린다는 말이다. 녹음 도서로 청독을 할 때도 시독처럼 필요한 부분만 선정해서 읽는 것이 어려워 불필요한 시간을 낭비하는 경우가 많다. 이제는 컴퓨터를 사용하기 때문에 개선되었지만 타자기로 써놓은 글을 읽을 수 없어 다른 사람의 시력을 통해 점검하는 시간이 또 필요했었다.

이처럼 불리한 환경 조건을 극복하고 승리할 수 있었던 것은 공부할 때는 집중해서 무섭게 했기 때문이었다. 다른 학생들은 두 번 세 번 다시 공부할 여유가 있지만 나는 단 한 번밖에 기회가 없다고 생각하니 읽은 내용이나 들은 내용을 잊어버리지 않으려고 최선을 다했고, 그러다 보니 기억력도 개발되고 집중력 훈련도 되었다.

나의 인생의 큰 돌은 살아오면서 바뀌었다. 1962년 서울맹학교 중등부 1학년에 입학해서 1976년 한국 최초 맹인 박사가 될 때까지 15년은 나의 능력과 재능을 최대로 개발하는 것이었다.

다시 말하면 개인의 성장과 성공이 큰 돌로 최우선순위였다. 그러다 33세에 박사가 되고 한국과 미국에서 교수와 교육 행정가로 출발할 때는 두 아들의 아버지가 되어 있었다. 자연스럽게 내 인생의 큰 돌은 성공적인 자녀 교육으로 바뀌게 되었다.

그로부터 다시 15년이 지나 1991년에 진석이는 하버드대에 입학하였고 그 1년 전에 진영이는 필립스 앤도버 아카데미에 입학하여 두 아들 모두 집을 떠나게 되었다. 두 아들이 집을 떠나 기숙학교로 들어간 후부터는 인생의 큰 돌이 자녀 교육에서 아름다운 세상을 만드는 사회봉사로 바뀌게 되어 오늘에 이르게 되었다.

두 아들 양육에 인생을 걸었을 때도 나는 다른 여러 가지 일로 무척 바쁘게 살아왔다. 인디애나에서 교육 행정가로 일하면서, 노스이스턴대 특인 교수로 가르쳤고, 인디애나 의료재활원 고문으로 있었다. 그뿐 아니라 여름방학마다 대구대학교 객원 교수로 석·박사 과정 학생들을 가르치면서 국제협력학장직을 수행했다. 그러면서 책도 쓰고 로터리 클럽 회원이 되어 사회봉사도 했다. 그리고 주말에는 2주 또는 3주에 한 번씩 초청강사로 미국과 캐나다 각지를 누비고 다녔다. 남들과 똑같은 시간을 가지고 그 어느 하나 소홀히 하지 않고 해낼 수 있었던 것은 우선순위에 따라 시간 관리를 효율적으로 했기 때문이다.

그리고 일할 때는 다른 일은 말끔히 잊어버리고 그 일에만 집중했다.

가정에서 부모가 가르치기 전에 자녀들이 먼저 보고 듣고 배우는 경우가 더 많다. 나도 아들들에게 시간 관리와 삶의 우선순위를 설정하는 방법을 의도적으로 가르쳐 준 기억이 없다. 그런데 진석이와 진영이는 초등학교 중학교 때 가장 존경하는 사람을 주제로 에세이를 쓸 때면 주저하지 않고 맹인 아버지에 관해서 썼다. 놀랍게도 그 이유 중 하나가 바로 일의 우선순위를 정하고 시간 관리를 효율적으로 하는 모범을 보여 배울 수 있었다는 것이다. 사실 나는 당시 그것이 그렇게 중요한 것인 줄 모를 때라 무심코 읽어 내려갔다가 아들들이 대학 진학할 무렵에 새롭게 그 의미를 깨닫기도 했다.

우리 모두가 존경했던 아프리카의 성자 슈바이처 박사는 자녀교육에서 가장 중요한 것은 첫째도 본보기, 둘째도 본보기, 셋째도 본보기라고 했다.

일할 때는 열심히 하는 모습을 보여 주고, 여가는 즐겁고 멋있게 보내라. 무엇보다도 인생의 큰 돌, 자갈, 모래의 우선순위를 정해 멋있게 시간 관리를 하는 본을 보여 주라. 그리고 가능하면 온 가족이 시간을 내 함께 여행을 떠나 보라. 우리는 아이들이 태어나 대학을 졸업할 때까지 매년 일주일에서 이주일 정도 가족

여행을 했다. 그랬더니 결혼한 두 아들도 그대로 할 것이라 한다.

배움에 대한 열정을 유지하라

"열정 없이 성취되는 것은 아무것도 없다!"

지난 해 성탄절 때 받은 카드 중 하나에 적힌 명언이다. 그 카드는 시카고 재활병원을 미국 최고 재활병원으로 만든 헨리 베츠 박사에게서 온 것이다. 한평생 뜨거운 열정을 가지고 오로지 재활의학에 바쳐 오늘날 10년 연속 미국 최고 재활병원으로 만든 주인공이 보낸 카드라 그 명언의 의미가 더욱 돋보이는 것 같았다.

그렇다. 학업성취도 마찬가지다. 반세기 전에 하버드대 교수였던 제롬 브루너 박사는 배움에 대한 지적 흥분이 있어야 학업성취가 제대로 이루어질 수 있다고 했다.

"지식은 힘이다."라는 말이 있다. 그러나 지식 있는 사람이 실력 있는 사람이라고 하기에는 왠지 부족한 느낌이 든다. 지식이 아무리 많아도 지적 흥분을 느끼지 못해 배움이 중단된다면 그 사람은 이미 실력 있는 사람이 아니다. 실력 있는 사람은 새로운 발견과 깨달음에 지속적인 흥분과 감동을 느껴야 한다. 계속해서 기쁨과 감동을 느낄 수 없다면 그 사람은 성취에 필수적인 에

너지원을 상실한 것과 같다.

얼마 전 첫아기를 낳은 며느리와 전화통화를 했다. 며느리는 산부인과 의사라 매일 출생하는 아기들을 보는데도 자신이 엄마가 되니 아기가 자라는 것이 무척이나 신기하고 대견하게 느껴진다고 했다. "예진이가 잘 자라고 있니?"라고 한 마디 물으니 어젯밤 잠도 6시간이나 자고, 우유도 잘 먹고, 아침에는 똥도 많이 쌌다고 보고를 하기 시작했다. 그러더니 아이 이야기가 끝도 없이 이어진다. 벌써 키는 2인치가 자랐고, 몸무게는 4파운드가 늘었으며, 크게 소리 내서 웃기도 하고 이름을 부르면 그 쪽으로 고개를 돌린다는 것이다. 그러면서 "시각이나 청각적인 자극을 주면 반응을 하는 것이 머리가 좋은가 봐요. 자극을 주면 반응을 잘해서 기회만 있으면 감각적 자극을 주고 있어요."라고 했다.

한참 듣고 있던 나는 한 가지 조언을 해주었다.

"엄마 아빠를 닮아 머리는 좋을 것이다. 게다가 가정 환경도 훌륭하다. 그러니 의도적인 자극을 너무 많이 주면 장차 학교에 갔을 때 새로운 자극이 부족해 지적 흥분을 느끼기 어렵게 될 수도 있으니 양면을 생각해야 한다."

그랬더니 "교육자이신 아버님께서는 의사인 엄마가 볼 수 없는 것을 보시는군요."라고 하면서 감사를 표했다.

앞서 진석이가 하버드대에, 진영이가 필립스 아카데미에 들어

H E N R Y B E T T S

헨리 베츠 박사_ 조그마한 창고 건물 내에 있던 작은 시카고재활병원을 미국 최우수 재활병원으로 키웠다. 그는 뜨거운 열정과 창의력, 신앙이 성공적 삶의 원동력이라고 강조한다. 특히 장애인과의 체험적 교류를 통해 장애인의 지역사회 참여와 통합, 삶의 질 수준을 크게 향상시켰다는 평가를 받고 있다.

노스웨스턴 의대 맥고우 메디컬센터 소속인 시카고 재활의학연구소 Rehabilitation Institute of Chicago는 1954년 설립됐으며, 10년 연속 이 분야 1위로 꼽혔다. 재활연구소 본부와 스포츠-척추-직업병 재활센터, 그랜드 재활센터, 윌로부룩 재활센터 등 10개 센터로 구성돼 있는데, 특히 사지 절단, 관절결손, 뇌 손상, 뇌졸중, 척추 부상, 화상, 노인성 질환, 소아마비, 정형외과 질환 등으로 인한 재활치료 부문에 있어 세계 최고이다.

가면서 인생의 큰 돌을 자녀 교육에서 아름다운 세상을 만드는 사회봉사로 전환했다고 했다. 그때부터 나는 장애인 정책 전문가로, 교육자로, 봉사자로 세계적 명성을 얻었다. 2000년 3월에는 세계장애위원회 부의장 자격으로 등소평의 아들인 등부방 중국장애인협회장에게 초청받아 베이징에 다녀왔다. 그때 등부방 회장은 중국 외교부장에게 "강 박사는 세계 6억에 달하는 장애인들의 열정적인 대변자이며, 국가 정상들을 감동시켜 움직이는 막강한 힘을 가진 분입니다."라고 소개했다.

어느 기준으로 보나 나는 막강한 힘을 가진 강자는 아니다. 그럼에도 불구하고 미국 전현직 대통령을 위시해서 세계 명사들과 폭넓게 교류하며 존경받고 있다. 이는 약자로서 부족함을 채우려는 배움에 대한 지속적인 열정과, 장애인과 비장애인들이 함께 사는 편견 없고 차별 없는 아름다운 세상에 대한 꿈을 포기하지 않는 끈기가 있기에 가능하다.

연장이 좋아야 풍성한 결실이 있다

학문의 도구가 없거나 변변치 못하면, 고장 난 연장으로 농사를 짓는 것과 같다. 학교 교육에서 연장이라 할 수 있는 기초 과목은 3R이라 하여 읽기reading, 쓰기writing, 셈arithmetic을 든다. 이것들을 제대로 못하면 지속적인 학습이 이루어지기 어렵기 때문에, 초등학교와 중학교 교육 과정에서는 이 세 과목을 가장 중요시한다.

    그러나 지금 우리는 지구촌 시대에 살고 있다. 한국어를 읽고 쓰는 것만으로는 연장을 충분히 갖추었다고 할 수 없다. 외국어를 하지 못하면 우물 안 개구리가 되기 십상이다. 또한 컴퓨터가 생활화되어 단순 계산뿐 아니라 인터넷을 통한 각종 정보 수집, 워드프로세서를 통한 문서 편집까지 자유롭게 할 수 있다. 심지어는 맹인들이 점자가 아닌 일반 문자로 된 서적을 직접 읽을 수도 있고, 농인들이 수화를 모르는 일반인들과 대화할 수 있는 장치도 있다. 이제는 컴퓨터 역시 필수적인 학문 탐구의 도구로 자리매김한 것이다.

    여하간 어느 분야에서든 실력을 기르는 도구로 외국어와 컴퓨터를 사용해야 하는데, 그것에 능통하게 되는 것이 그리 쉬운 일은 아닌 것 같다. 나는 대학과 대학원에서 독일어를 제2외국어로 공부했다. 그런데 영어만 사용하다 보니 다 잊어버려, 지금은 언제 독일어를 배웠나 싶고, 어떻게 그 어려운 시험을 통과했나 상상이 안 된다. 작년에 아내와 함께 독일에 갔을 때도, 가끔 아는 단어만 들릴 뿐 대화의 내용은 파악할 수 없어 혼자 실망했던 기억이 있다.

"신촌에서는 개도 영어로 짖는다."는 우스갯소리가 있다. 나는 신촌에 있는 연세대에서 영어를 공부했고, 부전공으로 영어교사 자격증까지 취득했다. 뿐만 아니라 영어로 박사학위를 취득했다. 그런데 아직도 둘째 아들 진영이에게 영어 교정을 받을 때가 있다.

하지만 외국어가 어렵다고 중도하차하지 말라. 나는 18세 때 영문 점자를 배우기 시작해, 점자 영한사전 하나 없이 공부했다. 그래도 오늘날 영어로 대중연설을 한다. UN 본부와 백악관에서도 감동적인 연설을 했으며, 세계 각국 대표들 수만 명이 모인 국제 로터리 세계대회에서도 연설을 했다. 비록 투박한 영어이지만, 수많은 사람들의 가슴을 뜨겁게 하는 연설로 기립 박수를 두 차례나 받는 신기록을 남기기도 했다.

또한 나는 미국 5천 4백만 장애인을 위한 정책을 개발하고, 대통령과 의회에 이를 보고하는 막중한 임무를 수행하고 있다. 이 일에서는 컴퓨터가 없으면 절대 안 된다. 국가장애위원회 사무실에는 열네 명의 전문 공무원이 상주하고 있다. 정책국장은 변호사, 홍보국장은 언론인 출신이며 재정국장은 공인회계사이다. 또한 연구원과 프로그램 전문가는 각각 교육학과 경영학 분야에서 박사학위를 소유하고 있다. 그러한 전문인들이 매일 나에게 이메일로 보고한다. 그러면 나는 그 보고서를 읽고 분석하고 평가해서 의견을 첨부하여 답신을 한다.

잠시 눈을 감고, 보이지 않는 상황에서 쏟아져 들어오는 이메일 보고서를 읽는다고 상상해 보라. 컴퓨터 화면이 안 보이는데 어떻게 읽을 수 있을까? 화면의 글자를 소리로 바꾸어 읽어 주는 프로그램 한 가지를 더 배우면 된다. 답신을 할 때도 마찬가지다. 내가 제대로 정확하게 썼는지 점검해 보려면 다시 읽어보아야 하는데, 역시 문자를 소리로 바꾸어 읽어 주는 프로그램을 배워서 사용하고 있다.

컴퓨터를 배우기가 복잡하고 어렵다고 불평하지 말라. 너무 늦어 배울 기회를 놓쳤다고 핑계 대지도 말라. 아버지 부시 대통령은 나이 80이 되었지만 매일 컴퓨터를 사용하고 있다.

기억하라. 연장이 좋아야 풍작을 거둘 수 있다.

좋아하고 잘하는 분야에서 직업을 선택하라

한국에서는 이공계 기피 현상이 사회문제로 부상하고 있다. 국내 경제 사정이 좋지 않은 데다 국가 예산 부족으로 연구원들을 대량 감원해서 취직이 어려워졌고, 의학 계열 졸업생들에 비해 상대적으로 소득이 적기 때문이라고 한다. 즉, 취직이 잘되고 소득이 높은 직업을 선택하는 추세라, 이공계를 지망할 많은 학생들이 의학 계열인 의대, 치대, 한의대로 몰린다는 것이다. 하지만 그러한 기준으로 직업을 선택하는 것은 매우 위험한 생각이다.

아무리 취직이 잘되고 소득이 높아도 그 일을 좋아하지 않으면 행복할 수 없다. 하는 일을 즐기고 좋아할 때 행복을 느낄 수 있는 것이다. 또한 어떤 직업을 선정하기 전에 자신이 특출하게 잘할 수 있는 일인지 한 번 더 생각하라. 당신이 제일 잘할 수 있는 분야는 반드시 있다. 무엇이든지 한 가지만 제대로 하면 보상은 따라오게 마련이다.

인간의 능력은 서로 다르다. 더 중요한 것은 개인 내에서도 능력이 차이가 있다는 것이다. 교육 심리학자 길포드J. P. Guilford는 지적 능력을 150가지로 분류했다. 즉, 한 개인 내에 150가지가 각각 다르게 존재한다는 것이다. 그 중에는 일등 할 수 있는 능력도 있고, 중간쯤 할 수 있는 능력도 있고, 꼴찌 할 수 있는 능력도 있다. 자신이 가장 잘할 수 있는 능력을 찾아 최선을 다해 개발하라.

내가 연세대 교육학과에 입학했을 때 정원은 30명이었다. 그 중 상당수는 상경대나 정법대에 가고 싶은데 실력이 모자라 어쩔 수 없이 교육학을 선택한 것이었다. 그 후 한 세대가 지난 오늘날 그들은 어디서 무엇을 하는지 잘 모르겠다. 반면 교육학을 정말 좋아해서 외길만을 걸어온 친구들은 박사, 교수, 대학총장 등이 되어 오피니언 리더로 살아간다.

나는 대학원에서는, 남들이 잘 안하고 내가 가장 잘할 수 있는 분야라고 생각해 특수교육을 전공했다. 장애 학생들의 교육적 욕구를 누구보다 잘 이해할 수 있었기 때문에 실명은 장애가 아니라 오히려 도움이 되었다. 그래서 언어와 실명의 이중 장애에도 불구하고 만 1년 만에 교육학 석사학위를 취득하고 박사 과정에 도전했다. 박사 과정에서는 재활 상담 심리학을 부전공으로 하여 심리학 석사학위를 하나 더 취득하고, 일반교육으로 돌아와 교육과정 개발과 장학 행정 분야에서 철학박사학위를 취득했다. 이처럼 나는 실명으로 인해 오히려 다른 사람들보다 더 잘할 수 있는 분야를 선택하여 최선의 노력을 기울였다.

오늘날 나는 전 세계 120만 회원이 있는 국제 로터리 클럽 100년사에 남게 되었다. 사랑과 봉사로 리더십을 길러 특히 세계 청소년들에게 귀감이 된다는 것이다. 또한 전직 UN 사무총장들과 더불어 아버지 부시 대통령이 명예의장인 세계장애위원회 부의장직을 수행하고 있으며, 루스벨트 재단 고문직도 맡고 있다.

2003년 11월 17일, 이탈리아 시암피 대통령이 일곱 번째로 루스벨트 국제장애인상을 수상했다. UN 사무총장과 총회의장을 위시하여 수십 개국 대사들과 장애인 관련 귀빈들이 참석한 그 자리에서, 벤덴휘벨 루스벨트 재단이사장은 나를 세계적인 지도자로 추켜올려 주었다. "……무엇보다도 강 박사는 루스벨트 국제장애인상 제정을 제안하여, 이 상의 창립자 중 하나입니다. 또한 현재 부시 대통령이 신임하는 장애인 정책 보좌관인데 한국인입니다……." 그 자리에 참석했던 김삼훈 UN 대사는 "강 박사님이 이 정도로 국위를 선양하고 세계적인 명사로 존경받으시는 줄은 몰랐습니다." 하고 감복하기도 했다.

이러한 눈부신 사회 활동 모두가 교육학 내에서 내가 일등 할 수 있는 능력을 최대로 개발하여 유감없이 발휘하고 있기 때문이다.

취직이 잘되고 돈 많이 버는 직업을 택하는 것이 아니라, 좋아하고 잘할 수 있는 직업을 선정해 그 안에서 당신만이 가진 특출한 능력을 찾아 일생을 걸고 끝까지 노력하라. 또한 그러한 기준으로 자녀의 진로를 인도하라. 그 직업이 지속적으로 행복을 줄 뿐만 아니라, 그에 대한 보상까지도 따라올 것이다.

CHALLENGES & OPPORTUNITIES

03
Character

둘째, 인격은 가치 교육에 달려 있다

아무리 실력이 뛰어나도 인격이 결여되고 헌신적인 자세를 갖추고 있지 않으면 세계화 시대에 지도자가 될 수 없다. 교육열이 뜨거운 한국인들은 실력만을 중시하는 경향이 있는데 이는 세 면 중에 한 면만을 보고 달리는 것과 같다.

실력은 있어야 한다. 그러나 그것만으로는 부족하다. 동시에 두 번째 C인 '인격'과, 세 번째 C인 '헌신'도 충족되어야 된다는 말이다.

인격 교육과 가치 교육은 동의어로 쓰일 때가 많다. 인격은 지적 교육이 아닌 감성과 의지에 관련된 가치 교육으로 형성되기 때문이다.

그렇다면 당신의 인격을 형성하는 가치는 어떤 것인가? 또한 알게 모르게 생활 속에서 자녀의 인격 형성을 위해 어떤 가치를 반영하며 살고 있는가? 생각이 바뀌면 새로운 세상이 보인다. 태도가 바뀌면 새로운 미래도 보인다. 그러나 그 반대가 될 수도 있다. 다시 말하면 어디에 가치를 두고 사느냐에 따라 인격이 다르게 형성된다는 말이다.

미국에서는 정권이 바뀔 때마다 대통령이 임명하는 고위 공직자 2,500명이 새로 선발된다. 그중 500명은 연방 상원에서 대통령 임명 동의안이 인준을 받아야 하는 장관에서 부차관보까지의 최고 공직자들이다. 클린턴 민주당 행정부 때는 12만 명이 지원하였고, 현 부시 행정부 때는 10만 명이 그러한 장래를 희망하며 지원하였다. 적어도 40대 1이 되는 셈이다. 그들 대부분이 실력은 갖추었다 해도 과언이 아니다. 두 번째 C 인격과, 세 번째 C 헌신을 통과해야 하는데, 이 장에서는 인격에 초점을 맞추고자 한다.

천하보다 귀한 것이 내 생명이다

바람직한 인격을 형성하는 고귀한 가치 중에는 자존감, 성실,

정직, 친절, 끈기가 포함된다. 이 다섯 가지 가치가 보통 미국인들이 중시하는 가치이며, 정부 고위 공직자 선정이나 입학 또는 승진 시 인격이나 도덕성 판단 기준이 되는 수가 많다. 그렇다고 충성, 용기, 신앙 등 다른 고귀한 가치들이 중요하지 않다는 말은 아니다.

자신을 존중하는 사람이 다른 사람을 존중한다는 사실은 통계적으로 검증되어 정설이 된 지 오래다. 또한 자존감이 높은 사람은 상대적으로 자주 남을 배려하는 친절한 마음을 보인다. 학생들의 자아 개념과 학교 성적과도 밀접한 관계가 있다. 뿐만 아니라 인물이 되려면 훌륭한 인물이 많은 지역사회에 속해야 하는데 자기를 존중하고 사랑하는 사람은 자긍심을 가지고 인물을 만나는 기회를 잘 포착한다.

미국을 20세기와 21세기 세계화를 주도하는 복된 나라로 간든 미국인들이 가장 소중하게 여기는 가치가 자존감이다. 자기 생명을 소중히 여기는 느낌과 생각은 자신에게도 엄청난 힘을 발휘한다. 때로 연약해질 수밖에 없는 자신에게 소망을 주고 지속적으로 격려해 주기 때문이다.

또한 미국인들이 도구적 가치관으로 가장 중요시하는 것은 정직이다. 부정직한 1등보다는 명예로운 실패가 낫다는 것이다. 그러므로 자존감과 정직이 이상적인 인격 형성에 가장 중요한 미국인들의 가치라고 할 수 있다.

이러한 미국의 문화적 전통은 성경에서 비롯되었다. 하나님의 형상대로 지음 받았기에 존귀하며, 정직하게 사는 것이 하나님의 뜻에 합당한 삶이라고 믿어 그러한 가치를 실현하고자 노력하는 것이다.

소년 시절 병원에서 투병 생활을 하고 있을 때였다. 날이 갈수록 망막이 더 떨어져 시력이 약해지니까, 나 자신도 작아지고 연약해져 가기만 했다. 그러던 어느 날, 이제는 하나님마저 나를 버렸다는 생각이 들었다. 그러자 앞을 못 보고 비참하게 사느니 차라리 죽는 것이 낫겠다는 생각이 들었다. 생각을 그쪽으로 하게 되니 방법도 보였다. 간호사에게 잠이 안 온다고 하여 수면제를 얻고, 머리가 아프다고 하여 진통제를 얻어 모았다. 어느 날 자정, 그렇게 모은 진통제와 수면제 수십 알을 한꺼번에 삼켰다. 그러나 하나님은 나를 거기에서 죽도록 내버려 두시지 않았다.

그렇게 나는 극도로 연약해져서 죽음 직전까지 갔었다. 하지만 비록 실명을 했고 양친이 없어 온갖 역경을 겪어도 나의 생명은 하나님이 주신 고귀한 선물로 천하보다 귀하다고 생각하니 새로운 미래와 새로운 세상이 보였다. 다시 말하면 하나님조차도 나를 버렸다고 생각할 때는 죽음의 경지까지 이르렀는

데, 하나님의 형상대로 지음 받은 나의 생명은 세상 사람들의 눈으로 볼 때 보잘것없을지라도 하나님의 렌즈를 통해 보니 너무나도 크고 위대한 것이었다.

그처럼 크고 강해진 나는 절망 속에 있던 연약한 나를 지속적으로 격려하고 소망을 불어넣어, 비교 경쟁하지 말고 나에게 주어진 고귀한 생명을 끝까지 완성하기 위해 최선을 다해 보자고 다짐했다. 그렇게 최선을 다하는 과정 중에 죽어도 후회는 없으리라 생각하고 오늘까지 살아온 것이다.

이와 같이 자존감 회복은 나의 생각을 많이 변화시켜 내 생명을 하나님의 가장 귀한 선물로 보도록 해주었다. 뿐만 아니라 많은 젊은 엘리트들이 겉으로 보기에는 보잘것없고 연약한 장애인을 존경하고 따르게 하는 힘도 가지게 되었다. 금년 초에도 그런 젊은 엘리트 인생 후배들이 방문도 하고, 강사로 초청하기도 했다.

비교경쟁하지 말라

16년 전 대구대 초청교수로 한국에 갔다가 교회 집회를 인도하게 되었다. 그런데 그 집회가 끝난 후 서울대 법대 4학년 학생으로 사법고시를 합격한 청년이 찾아와 인사를 했다.

"……강 박사님, 저는 무엇보다도 다른 사람들과 비교하지 않고 매일 매일 불완전한 생명을 완성하기 위해 최선을 다하신다는 말씀에 가장 큰 감명을 받았습니다. 저도 그러한 삶의 태도를 배워 열심히 살겠습니다."

그 후 그 청년은 군 법무관을 거쳐 서울 지방법원 판사를 역임하고 도미 유학해서 명문 뉴욕법대에서 석사와 박사학위를 취득했다. 뉴욕 변호사 시험은 어렵기로 유명하다. 케네디 대통령의 아들 존 케네디 2세도 세 번씩이나 떨어졌다가 합격되었다. 그런 어려운 시험도 단번에 합격되어 국제변호사가 된 재원이다. 30대 말에 이미 김&장 법률회사 파트너인 박은영 박사가 바쁜 일정에도 불구하고 연초에 나를 방문했다. 그러더니 나에게 남은 인생을 어떻게 살 것인가에 대한 지혜와 교훈을 부탁하는 것이었다. 그리고 8살과 5살 난 두 딸을 어떻게 교육할 것인지에 대해서도 덧붙여 물었다.

오늘날 우리 모두는 세계화되어 가는 지구촌에 살고 있다. 그래서 무엇보다도 가치관이 뒤범벅되어 전에 없던 갈등을 경험할 뿐만 아니라 사회가 심각한 분열 현상을 보이고 있다.

그러나 지구촌에서 공통적으로 인정하는 가치들이 있다. 예를 들면 평등, 정의, 사랑, 평화, 존엄 등이 그것이다. 그런가 하면 우리 민족만이 전통적으로 지녀온 고유한 가치들이 있다. 그러한 가치들이 때로는 지구촌의 공통된 가치와 충돌하고 갈등을 빚을 수도 있음은 당연하다.

그래서 나는 박 박사의 "남은 생을 어떻게 살 것인가?"라는 질문에, 오피니언 리더로서 세계화 시대에 보편 가치와 우리 대한민국의 고유 가치가 무엇인지 분별해서 확고한 가치관을 가지고 아름다운 세상을 만드는 데 기여하라고 조언해 주었다. 특히 올바른 자존감이 높은 사람들이 많아져서 남을 배려하고 사랑하며 평등과 인간의 존엄이 실현되는 사회 건설에 앞장섬으로 역사 속에 큰 흔적을 남기라고 했다.

또한 박 박사는 대화 중에 두 딸에 관련하여 이런 이야기도 했다. 외국에 출장을 다녀오면서 다른 선물을 사가지고 와서 눈을 감으라고 하고서 선물을 받은 후 눈을 뜨라고 했단다. 그랬더니 눈을 뜨는 순간 둘 다 자신의 선물보다 상대방 선물을 먼저 보더라는 것이다.

동시에 똑같이 상대방의 선물을 쳐다보는 아이들의 모습은 무엇을 의미하는 것일까? 이는 한국 사회에 비교경쟁의 가치관이 얼마나 만연되어 있는지 짐작하게 하는 모습이다. 누가 가르친 것도 아닌데 보고 듣고 배운 것이다. 자매간에 그럴진대 학교 친구들이나 다른 이웃들이 가진 선물을 어떤 생각으로 바라볼 것인가?

서울에서 일류 고교와 대학과 대학원을 마친 후 도미해서 역시 일류 대학에서 박사 학위를 받은 후배 집에 초청을 받아 갔었다. 모대학 중견 교수 가정이었다. 우리가 대화를 나누고 있는데 학교에서 돌아온 그 집 아들이 문을 열고 들어서자마자 엄마를 부르는 것이었다.

"엄마, 엄마 나 백점 맞았어!"

아들이 신나서 외치는데 엄마는 이렇게 물었다.

"그래, 네 짝은 몇 점 맞았니?"

그랬더니 백점 맞았다고 외치던 아들 목소리가 다소 줄어들었다.

"걔도 백점 맞았어."

그러자 엄마는 이렇게 대답했다.

"그럼 문제가 쉬웠나 보구나."

이것이 오늘날 한국 엘리트 가정에서 이루어지고 있는 가치 교육의 현주소이다. 가치 교육에 대한 올바른 생각만 가지고 있으면 경쟁심을 고취하는 대신 자존감, 자신감을 길러줄 수 있다. 그렇게 되면 공부를 더 잘하게 해서 경쟁에서 승리할 뿐만 아니라, 남을 존중하고 배려하여 친절한 사회를 만드는 데 크게 기여할 수 있을 텐데 참으로 안타까운 현실이다. 부모가 생각을 바꾸어 먼저 아름다운 세상을 보고 자녀들을 그리로 인도해야 한다.

박 변호사는 나에게서 배워 어린 딸들에게 신앙적 가치를 가르쳐 주기 위해 성경도 읽어 주고 위인들의 이야기도 들려준다고 했다(이는 검증된 가장 좋은 교육 방법이다). 어느 날은 두 딸에게 나의 어린 시절과 청년 시절 이야기를 해주었단다. 그랬더니 이야기를 듣다가 소리 내서 엉엉 울더라는 것이었다. 너무나 안타까워하며 울어서, "울지 마. 해피엔딩으로 끝나는 이야기야."라고 달래도 계속 울더란다. 그 아이들은 섬기는 리더십의 핵심 가치인 남의 아픔을 이해하고 고통을 나누는 마음을 이미 배운 듯하다.

"천하보다 귀한 나"

우리 부부는 피츠버그에서 유학 기간 4년을 보내면서 두 아들을 낳았다. 그 후 지난 28년 동안 시카고 교외인 인디애나 먼스터에서 줄곧 살았다. 그러니까 먼스터가 두 아들의 고향일 뿐만 아니라 우리 내외에게도 행복하고 아름다운 추억을 가장 많이 간직하게 해준 곳이다.

먼스터는 인구 25,000명 정도 되는 조그마한 도시인데, 인디애나에서 개인 소득이 제일 높은 곳이라 공립학교가 우수하다. 진석이와 진영이는 초등학교 중학교 과정을 먼스터에서 마치고 고교 때 동부지방 기숙사 학교로 갔다. 이처럼 두 아들이 같은 부모 밑에 태어나 같은 가정에서 같은 동네에 살면서 같은 학교를 다녔어도, 서로 지능도 다르고 성격도 다를 뿐만 아니라 문제를 접근하고 해결하는 방법도 달라서 인격 형성과 가치 교육도 다를 수밖에 없었다.

진석이는 초등학교 때 거듭된 실패로 자아 개념이 손상되어 자신감이나 자긍심이 부족했던 것이 가장 큰 문제였다. 그러나 부모가 둘 다 교육자인데도 그 문제를 바로 보지 못하고 자기 편견에 사로잡혀 있었다. 머리는 좋은데 학업 성취도나 학교 성적이 기준에 못 미쳐 영재학급에 못 들어가니까 실력이 부족한 것이라 판단한 것이다. 그래서 진석이의 영어, 수학, 과학, 사회 실력을 기르고 점수를 높이기 위해서만 애를 썼다. 스쿨버스 기다리는 시간을 절약해서 공부를 가르치기 위해 아내에게 자동차로 통학을 시키자고 제안하기도 했다. 자식 교육이 무엇인지 아내도 동의하고 순종했다. 그러나 그것은 다 소용없는 짓이었다. 진석이는 영재학급 근처에도 못 가보고 평범한 학생으로 초등학교를 졸업하고 중학교에 진학했다.

그때 나는 교사를 양성하는 교수로 교육학 분야 강좌를 맡고 있었다. 그러나 두 번째 C, 인격 형성에 대한 가치 교육의 중요성을 인식 못하고 오진하여 엉뚱한 치료를 했던 것이다. 그러는 동안 진짜 병은 치료가 안 되니까 점점 악화될 수밖에 없었다.

진석이의 병은 자존감과 자신감의 부족이었다. 하지만 그 증상이 외부로 표출될 때까지 나는 그것을 알아채지 못했다. 교육자였지만 내 아들은 똑똑하다는 편견 때문에 제대로 보지 못했던 것이다. 그런데 어느 날 진석이가 이렇게 외쳤다.

"아빠는 제가 아빠 아들이니까 세상에서 제일 똑똑한 줄 아시지만 저는 그렇게 똑똑하지 못해요. 그러니 제발 그대로 좀 내버려 두세요. 똑똑한 진영이나 기대하시란 말이에요."

그래도 순종하며 아빠와 매일 몇 년 동안 영재학급에 들어갈 희망을 가지고 열심히 공부하던 진석이가 반항하듯 내뱉은 말이었다. 그런 일이 있은 후에야 내 생각이 바뀌게 되었다. 무엇보다도 먼저 진석이에게 "나도 할 수 있다!"는 자신감을 심어 주고 "천하보다 귀한 나"라는 자존감을 가지도록 도와주어야겠다는 생각이 들었다.

그래서 생각해 낸 것이 진석이 생일인 4월 23일에 태어난 위인을 찾도록 한 것이었다. 마침 대문호 셰익스피어의 생일이 그날이었다. 그래서 진석이에게 "너도 셰익스피어처럼 위대한 사람이 되어 유명해질 수도 있고, 역사 속에 큰 업적을 남길 수도 있다."고 격려하기 시작했다.

그랬더니 진영이도 샘이 나서 자신의 생일 6월 15일에 태어난 위인을 찾았다. 그날은 영국 엘리자베스 여왕이 태어난 날이었다. 아내의 생일 5월 29일에는 존 F. 케네디 대통령이 태어났고, 내 생일 1월 16일의 하루 전인 1월 15일에는 민권 지도자였던 마르틴 루터 킹 박사가 태어났다. 하지만 나는 한국 시각으로 1월 16일 오전 11시 정각에 태어났는데 그것은 미국 시각으로는 1월 15일이니 같은 날 태어났다고 할 수 있다. 두 아들에게 이렇게 설명해 주었더니 금방 수긍했다.

그러고 나니까 집안 분위기가 전과 확연히 달라지는 것을 느낄 수 있었다. 집안에 대문호, 대통령, 여왕과 민권 지도자가 있어 그들의 정신을 불어넣는 것 같았다. 때마침 당시 최고의 농구 스타 마이클 조던의 등번호가 23번이어서 진석이는 그 숫자 자체를 더욱 좋아하게 되었다. 뿐만 아니라 그것이 동기가 되어 도서관에 가서 참고자료를 찾아보더니, 14년 후인 2000년 4월 23일이 부활 주일이라는 사실을 발견했다. 그것은 참으로 위대한 날이었다. 왜냐하면 그때부터 진석이는 그날 무슨 좋은 일이 생길지도 모른다는 막연하지만 낙관적인 기대와 희망을 가슴에 품을 수 있었기 때문이다.

그런 일이 있은 후 6년이 지나, 먼스터라는 조그만 도시에서조차 영재학급에 못 들어갔던 진석이가 하버드대에 진학하게 되었다. 첫 학기를 마치고 성탄절 때 집에 와 있는데, 교회 목사님께서 진석이에게 부모와 학생들을 위해 설교를 해보라고 하시는 것이었다. 진석이는 그 설교 가운데, 오늘날 자신이 평범한 학생에서 하버드대 학생이 된 것은 무엇보다도 주 안에서 "나도 할 수 있다!"는 자신감이 생겼기 때문이고, 부모님이 끝까지 포기하지 않고 지원해 주셨기 때문이라고 했다. 이어서 앞으로 8년 후인 2000년 4월 23일 생일은 부활절인데 그때 무슨 좋은 일이 있을까 기대하면서 열심히 노력할 것이라고 했다.

이와 같이 가치 교육의 성과는 장기적이다. 때로는 영원할 수도 있다. 그것은 인격의 일부를 형성하기 때문이다.

나는 진석이와 진영이가 중학교에 다닐 때 각각 미래 문제 해결팀 코치를 한 적이 있다. 이는 인공 지능, 생명 복제, 교육 등 어떤 분야를 주고 그 분야에서 미래에 직면할 문제를 파악해서 그 해결 방안을 찾아내도록 하는 것이다. 직접적인 목적은 창의력, 즉 유창성, 융통성, 독창성, 정교성의 능력을 개발하는 것이다. 진석이와 진영이는 형제이지만 코치를 해주면서 각각 다른 성과를 거두었다. 진석이는 일반 학급이었고 진영이는 이미 영재학급이었는데, 교육성과는 정반대였다. 그다지 기대 안했던 진석이가 기대했던 진영이보다 훨씬 더 잘하는 것이었다. 진석이는 자신감이 생겨 신바람이 나서 열정을 가지고 해서 깜짝 놀랄 성과를 이룬 반면, 진영이는 성취 수준은 비슷해도 열정을 가지고 신이 나서 하는 것은 아니었기 때문이다.

이는 자존감과 자신감의 차이에서 왔다는 것을 뒤늦게 발견할 수 있었다. 진석이는 일반 학급 학생으로 늘 자신감이 부족해 기가 죽어 있다가 다른 세 명의 영재학급 친구들과 어울려 함께 하게 되니 뒤떨어지지 않으려고 열심히 노력한 것이다. 그리고 자신이 다른 학생들과 비교해 뒤떨어지지 않는다는 사실을 발견하고는 자신감을 되찾은 것이다. 그리하여 수학도 열심히 해서 수학경시대회에 나가 인디애나 주 전체에서 2등을 하기도 했다. 그리고 미 연방 상원 외교분과 위원장인 루거 상원의원의 격려와 찬사의 서신까지 받았다.

요즈음 신세대 젊은이들 중에는 친북 반미 좌경 사상을 가진 이들도 일부 있다고 하는데 그런 분들까지도 미국인들이 목적으로 추구하는 가치관 중 최우선으로 하는 자존감과, 도구적 가치관 중 최우선 순위인 정직은 자기 것으로 삼아도 좋을 것이다. 그것은 성경적 진리일 뿐 아니라, 학문적으로도 검증된 정설이기 때문이다.

"심는 대로 거둔다."는 말이 있다. 태교에서 시작해 어릴 때부터 가치 교육의 씨앗을 심으면 그것이 자라 인격의 열매로 거두게 된다.

먼저 생각과 발상을 바꾸라. 보통 사람이 위대한 생각을 하고 위대한 일을 하면 위인이 되는 것이다. 하나님의 렌즈로 자신과 자녀들을 보라. 당신도, 당신의 자녀도 위인이 될 무한한 잠재성을 가지고 있다!

시련과 역경을 통해 인간의 고귀한 가치를 배우라

한국에서는 취업난을 풍자하는 재미나는 말들이 있다. '이태백'은 이십대 태반이 백수건달이라는 뜻이고, '삼팔선'은 38세가 명예퇴직 연령이라는 뜻이며, '사오정'은 45세가 정년이라는 말이라 한다. 또한 '오륙도'는 56세까지 일을 하면 도둑놈이란 뜻이라 한다. 그러니까 내가 한국에 거주한다면 이미 도둑놈 소리를 듣기 시작한 지 몇 년이 지난 셈이다. 그런데 나는 아직도 대통령 직속 국가장애위원회 정책 차관보라는 일 이외에도 맡고 있는 임무가 있다. 그런데도 도둑놈 소리 안 듣는 미국에 거주하니 다행이라고 할까? 여하튼 그렇게 맡고 있는 임무 중 하나가 루스벨트 재단 고문이다. 그래서 지난 10년 동안 루스벨트에 대한 많은 것을 배울 기회가 있었다. 특히 그의 인격을 형성하는 고귀한 가치들을 배울 수 있었다.

세상에 널리 알려진 대로, 루스벨트는 39세 때 소아마비로 중증 장애인이 되었다. 그는 그로부터 23년을 휠체어와 비장애인들에 의존해 살아야만 했다.

그런데 만일 루스벨트가 중증 장애인이 되지 않았다면 미국 대통령이 될 수 있었을까? 그 대답은 긍정적일 수 있다. 왜냐하면 그는 소아마비에 걸리기 한해 전인 38세 때, 민주당 부통령 후보로 출마하기도 했기 때문이다. 그렇다면 그가 소아마비에 걸리지 않았더라도 20세기 역대 대통령들 중 가장 위대한 대통령이 될 수 있었을까? 그 대답은 부정적이다. 왜냐하면 그는 그 무서운 시련과 역경을 극복하는 과정에서 인간의 고귀한 가치를 배워 정책에 반영했을 뿐만 아니라 국민들을 계몽하고 교육했기 때문이다.

미국의 수도 워싱턴에는 역대 대통령 네 명의 기념관이 있다. 미국을 세운 조지 워싱턴, 미국 독립선언문을 만든 토머스 제퍼슨, 노예를 해방시킨 에이브러햄 링컨, 그리고 20세기 백년간의 역대 대통령으로는 유일하게 프랭클린 루스벨트의 기념관이다. 그 기념관이 봉헌되었던 1997년 5월 2일과 루스벨트 장애인 동상이 제막되던 2001년 1월 10일, 나는 감사하게도 그 자리에 참석할 수 있었다.

루스벨트는 부장 판사의 아들로 상류 가문에 태어나 사립학교의 명문 그라톤을 거쳐 하버드대를 졸업했다. 그러다 보니 소아마비에 걸리기 전까지는 귀티가 물씬 풍기는 차가운 성격의 정치인이었다고 한다. 그런데 중증 장애인이 된 후 그러한 이미지를 온전히 벗어버리고 온화한 사람으로 바뀌었다는 것이다. 다시 말하면 귀족이 평범한 보통사람이 됨으로 위대한 대통령이 되었다고 할 수 있겠다.

루스벨트 기념관에 들어서면 휠체어에 앉아 있는 루스벨트 동상을 보게 된다. 그 동상에는, 루스벨트는 질병으로 인해 더 훌륭한 인간이 되었다는 말이 쓰여 있다. 엘러너 루스벨트 여사는 "……질병은 그를 강인하게 만들었으며 남의 아픔을 이해하고 고통을 나누는 마음을 가지게 했을 뿐만 아니라 인내심을 길러주었다."고 증언하고 있다.

　요컨대, 루스벨트는 신체장애의 고뇌와 절망을 통해 인간의 고귀한 가치인 아픔에 동참하는 마음, 용기, 끈기, 도전 정신 등을 배우고 자신의 인격으로 삼았다. 그리고 그런 인격은 그를 서민의 애환을 이해하고 고통을 나누는 좋은 대통령으로 만드는 데 한몫을 한 것이다. 무엇보다 질병과 그로 인해 야기된 고통과 싸우면서 습득한 도전 정신과 대담성은, 경제대공황 앞에서 절망하고 좌절하는 국민들을 격려할 수 있는 대통령이 되게 해주었다.

　루스벨트는 이러한 불가능에 도전하는 정신과 결코 포기하지 않는 끈기를 헬렌 켈러에게서 배웠다고 한다. 대통령 재임기간 중에 작은 백악관으로 불렸던 웜스프링스 재활병원 입구 왼쪽에는 헬렌 켈러의 말이 새겨져 있다.

　"사람들이 불가능하다고 속삭이는 동안 이미 그 불가능은 가능하게 되었습니다."

이처럼 극복될 수 있다고 믿는 사람들에게는 고난과 역경이 인격 형성의 자양분이 된다. 하지만 숙명이라 피할 수 없다고 생각하는 사람들에게는 정반대의 영향을 미치게 된다. 인생의 고난과 역경을 그저 운명이라 믿고 포기하는 이들은 끈기가 없을 뿐만 아니라 비관적인 사람이 되기 쉽다.

루스벨트의 친구요 동업자요 2차 세계대전의 영웅이었던 윈스턴 처칠을 보자. 그가 가장 소중하게 여겼던 가치는 끈기였다. 자신이 다녔던 해로 학교에서 "결코, 결코, 결코 포기하지 말라."고 한 연설은 유명하다. 겉으로 보기에 처칠은 화려한 인생을 살았다. 60여 년의 의정활동, 두 번의 영국 수상, 노벨문학상 수상, 2차 세계대전 영웅 등은 그가 얼마나 성공적인 삶을 살았는지를 잘 보여 준다. 그러나 그 어느 하나도 쉽게 얻어진 것이 없었다. 끝까지 포기하지 않고 투쟁하고 노력해서 쟁취한 것이다. 『타임스』지는 처칠을 20세기 전반부 반세기 인물로 선정했다. 이는 끈기와 노력으로 얻어진 인격의 열매라는 평가를 받고 있다.

끈기나 지구력, 인내심이 부족해서 실패하고 패배하는 인생이 얼마나 많은가? 또한 소극적이고 모험심이나 대담성이 부족해서 기회를 눈앞에 두고도 놓쳐 버리는 사람이 얼마나 많은가? 올바른 가치 교육으로 그러한 실패와 패배를 예방할 수 있다.

학교 교육보다 가정 교육이 더 중요하다

하나님은 하와를 창조하여 행복한 가정을 만드셨다. 그때로부터 두 남녀가 사랑으로 결합하여 가정을 만들고, 그 결합을 통해 잉태되는 생명은 기쁨과 행복, 고통과 혐오 등의 감성과 의지를 배우면서 평생 교육이 시작된다. 이는 단순히 이론이 아니라 첨단 과학 기술이 발달된 오늘날에 이르러서는 학문적으로 검증되었다.

사회 심리학자 에릭 에릭슨은 40년 전 그의 저서 『인간 발달의 여덟 단계』에서 인간 발달은 자궁에서 무덤까지 여덟 단계를 걸쳐 이루어진다고 했다. 그런데 그 이론이 현실적으로 검증되고 있다.

자궁 속에 있는 태아에게 아름다운 선율을 들려주면 좋아하는 감정이 표출되고, 자동차 경적 같은 소음을 들려주면 싫어하는 감정이 표출된다고 한다. 뿐만 아니라 음악 중에서도 행진곡처럼 신나는 곡을 들려주면 심장 박동이 빨라지고, 자장가나 장송곡 같은 음악을 들려주면 박동이 느려지는 것이 EKG electrocardiogram, 심전도에 기록된다고 한다. 우리 동네에 사는 한인 산부인과 의사 데이비드 민 박사는 아주 간단한 방법으로 이를 입증할 수 있다고 했다.

에릭에릭슨의 인간 발달의 여덟 단계

- ### 제1단계 (0-1세) : 기본적 신뢰감 대 불안감
  이 시기에 세상을 안전하고 믿을 수 있는 곳이라 생각하는 기본적인 신뢰감이 형성된다. 그러나 아기를 부정적으로 다루면 세상에 대해 공포와 의심을 가진다.

- ### 제2단계 (1-3세) : 자율성 대 수치심과 회의
  자기의 요구에 따른 자율과 독립의 기초가 마련되면 세계에 대해 적극적이고 능동적인 신체 활동과 언어 사용이 증가된다. 그러나 그렇지 못하면 심한 죄책감을 갖게 된다. 질문과 탐색활동이 잦아진다.

- ### 제3단계 (3-5세) : 주도성 대 죄책감
  부모의 신뢰감을 얻게 되고 자신의 욕구를 처리하는 데 필요한 자율감을 발달시키면 독립하고자 한다. 이때 스스로 할 수 있는 것을 허용하고 격려하면 자율성을 형성하게 된다. 이것은 독립심과 존중감을 기르는 기초가 된다. 적당한 감독과 제재도 필요하지만 지나치면 자신의 능력을 의심하고 수치심을 갖게 되어 심한 자기 회의에 빠지게 된다.

- ### 제4단계 (5-12세) : 근면성 대 열등감
  지적 호기심과 성취동기에 의해 움직인다. 인정과 격려가 주어지면 성취감이 길러진다. 그러나 그렇지 못하면 좌절감과 열등감을 갖게 된다.

- ### 제5단계 (청소년기) : 정체감 대 정체감 혼미
  자신이 어떤 사람이 될 것인가에 대해 깊은 관심을 갖게 된다. 이 때 자아 정체성(ego-identity)이 형성되지 못하면 역할 혼란(role confusion) 또는 자아 정체성 혼미(identity diffusion)가 온다. 이는 직업 선택이나 성 역할 등에 혼란을 가져오고 인생관과 가치관의 확립에 심한 갈등을 일으킨다.

- ### 제6단계 (청년기) : 친밀감 대 고립감
  청소년기에 자아 정체감이 확립되면 자신의 정체성을 타인의 정체성과 연결시키고 조화시키려고 노력하게 된다. 그렇지 못하면 고립된 인생을 영위하게 된다.

- ### 제7단계 (장년기) : 생산성 대 침체성
  다른 성인들과 원만한 관계가 성취되면 자신에게 몰두하기보다 생산적인 일에 몰두하고, 자녀 양육에 몰두한다. 이것이 원만하지 못하면 어릴 때와 마찬가지로 자신에게만 몰두하고 사회적, 발달적 정체를 면하지 못한다.

- ### 제8단계 (노년기) : 통합성 대 절망감
  죽음을 제대로 수용하지 못하면 인생의 짧음을 탓하고, 불가능함에도 불구하고 다른 인생을 시도해 보려고 급급해 한다. 급기야 생에 대한 절망에서 헤맨다.

이처럼 태아는 이미 자궁 속에서 들을 수 있는 청각을 가지고 있다. 그러므로 청각을 통해 지적 학습이 가능하다. 또한 자궁 속에서 들었던 것을 기억하고 있어서, 태어난 후에도 좋아하고 싫어하는 감정을 표출한다고 한다. 그러니까 정상적으로 건강한 발달이 이루어진 태아는 지적 학습과 정의적 학습이 동시에 발생한다는 말이다.

미국에서는 만 다섯 살 때 유치원에 입학하여 고등학교를 졸업할 때까지 13년 동안 의무 무상교육을 받는다. 아이들은 유치원에 다니는 때부터 집밖에서 여러 각도로 가치를 배운다. 학과 내용에 반영된 가치를 배우기도 하고, 교사나 학생들의 가치를 의식적, 무의식적으로 배우기도 한다. 그러나 태도와 가치관 교육의 주 책임은 비형식적 가정 교육에 있다는 사실을 분명히 알아야 한다.

아이들은 학교에 들어가기 전 주로 부모의 언행과 태도와 가치관을 보고 배운다. 그러면 왜 같은 부모 밑에서 큰 자식들이 어떤 아이는 바르게 자라고 어떤 아이는 그렇지 못하냐는 질문이 나오게 될 것이다. 거기에는 다양한 이유가 있다.

첫째, 아무리 형제자매일지라도 능력과 성품은 제각각 다르다. 그러므로 자극에 다르게 반응하기 마련이다.

둘째, 부모의 연륜이 쌓이면서 자녀 양육도 달라진다.

셋째, 출생 순서에 따라 가정 학습 환경이 달라진다. 첫 아이 때는 형제자매간 경쟁이 없다. 또한 부모가 한 아이에게 시간과 정열을 쏟을 때와 그 시간과 열정을 분산시킬 때는 여러 가지가 다를 수밖에 없다.

첫째도 가치 교육, 둘째도 가치 교육, 셋째도 가치 교육

한국 속담에 "세살 적 버릇 여든까지 간다."는 말이 있다. 이는 여러 가지 현대 교육의 원리가 담겨 있는 속담으로, 슬기로운 조상들의 오랜 경험과 예리한 관찰에서 비롯된 것이다. '버릇'이란 말은 습관과 비슷한 말로 인격 교육의 아주 중요한 부분을 차지한다. 습관 형성을 포함하는 태도와 가치관 교육은 태어나 만 5세가 될 때까지가 가장 중요하다. 그 기간에 죄악과 사탄의 권세를 이기고 승리의 삶을 사는 데 필요한 신앙과 가치의 든든한 기초를 세워 주고, 기본 능력을 최대로 개발해서 성취자로 한평생을 살아갈 수 있는 성취 동기 유발에 필요한 고귀한 인간의 가치들을 가르쳐야 한다.

교육은 한 생명의 일생 또는 한 세대 30년을 내다보는 장기적인 투자이다. 그 가운데서도 학교 교육이 시작되기 전 조기 교육, 특히 인격을 기르는 가치 교육은 최고의 이윤을 가져다주는 투자이다. 가장 적은 투자를 하고도 가장 큰 수확을 거둘 수 있는 절호의 기회인 것이다. 명심해야 할 것은 일단 자녀가 학교에 들어가면 부모의 영향력은 크게 줄어든다는 사실이다.

자녀들이 바람직한 습관을 형성하고 긍정적인 태도를 지니며 고귀한 인간의 가치를 품도록 가르치기 위한 가장 효과적인 방법은, 발달 연령에 맞게 제작된 성경 이야기, 동화책 등을 읽어주거나 들려주는 것이다. 심청이 이야기를 듣고 효심을 배우고, 선한 사마리아인의 이야기를 들으면서 사랑을 배우며, 달란트 비유에서 근면과 성실을 배울 뿐만 아니라 게으름이 나쁜 것임을 깨닫게 되는 것이다.

요즈음에는 어려운 고전도 취학 전 아동들이 이해하고 중심 가치를 배울 수 있도록 잘되어 있고, 오디오북이나 비디오테이프로 제작된 교육 자료들도 많다.

간혹 나중에는 기억 못할 텐데 하는 생각으로 부모가 언행을 조심하지 않는 경우가 있다. 하지만 그러한 생각은 바꾸어야 한다. 당신의 언행은 자녀들이 어른이 될 때까지 긍정적으로든 부정적으로든 영향을 미치게 된다.

가치 교육의 성과는 취학 전 5세 미만이 가장 큰 것으로 알려져 있고, 그 후 점차 줄어들어 12세가 되면 그 영향력이 아주 적어진다. 십대 청소년이 되면 부모나 교사의 영향권을 벗어나 동료의 행동과 태도가 가장 큰 힘을 가지게 되기 때문이다.

칭찬과 격려는 누구나 좋아한다. 조그만 일에도 칭찬과 감사를 잊지 말라. 진석이가 두세 살 때 우리는 함께 도서관에 다녔다. 진석이는 나의 눈이 되어 주었고, 나는 집에 돌아온 후에 항상 안내해 주어 고맙다는 인사를 잊지 않았다. 그 후 몇 십 년이 지나 나는 다 잊어버렸는데 언젠가 진석이가 그때를 즐거운 추억으로 기억한다고 하는 것이었다.

또한 자녀가 잘못했을 때 역시 그때그때 행동을 수정해 주어야 한다. 단 명심할 것은, 그때 잘못한 행동에 대해서만 교훈해야 한다는 것이다. 특히 체벌에 있어서는 어린 시절에는 효과가 있다. 그러나 12세 이후에는 절대로 체벌을 해서는 안 된다. 역효과가 있을 뿐이다.

아무리 뛰어난 천재라 할지라도 태도와 가치 교육에 실패하면 밝은 미래를 기대할 수 없다. 반대로 지능 지수는 중상 정도만 되어도 인격 교육이 제대로 되어 있으면 피땀 흘리는 노력으로 천재가 될 수 있다. 요컨대 가정 교육의 기초가 든든하면 학교 교육에서도 성공할 수밖에 없다.

그러나 어쩌다 자녀가 길을 잘못 들었다 해도 너무 쉽게 낙심하고 포기하지 말라. 어떤 계기로 자녀의 생각과 태도가 바뀌면 그동안 떨어진 공부는 얼마든지 좇아갈 수 있다. 미국에서의 4년 고교 과정을 집중력을 가지고 정진하면 1년 만에 끝낼 수 있다고 한다. 2, 3년 낙오된 학생도 태도를 바꾸고 굳은 결심만 한다면 무한한 능력을 개발할 수 있다는 말이다.

레이건 행정부 교육부 장관을 역임한 윌리엄 베네트 박사가 첫째도 가치, 둘째도 가치, 셋째도 가치 교육이라고 한 것은 이런 맥락에서 충분히 이해될 수 있다.

아버지는 보수, 아들은 진보

50대 아버지가 20대 아들을 두었으면 아버지는 보수, 아들은 진보가 당연하다. 그것은 발달 단계 순리에 따른 것이기 때문에, 부자간의 생각이 다르다고 해서 전혀 이상할 것이 없다. 윈스턴 처칠 전 영국 수상은 오늘날도 많은 사람들이 공감하는 명언들을 남겼다. 그중 하나가 "20대에 진보가 아니면 가슴이 없는 것이고, 40대가 되어서도 보수로 바뀌지 않으면 정신이 나간 것이다."라는 말이다. 그러나 사회과학 진리는 통계나 확률을 근거로 한 것이기 때문에 절대적으로 모든 사람에게 적용되는 것은 아니다. 어디까지나 통계적으로 그렇다는 말이다. 요즈음 여론 조사가 그 좋은 예일 것이다.

우리 가정을 보면, 나와 진영이에게는 그 명언이 꼭 들어맞는다. 나는 보수로 공화당이고, 진영이는 진보로 민주당이다. 하지만 나 역시 20대 때는 진보였다. 대학에서 교양 필수로 배우는 기독교 개론과 성서 개론도 진보 성향 교수께 배우고 신학대에 가서 수강한 강좌도 모두 진보 성향 교수에게서 배운 탓이었는지 신앙도 자유 진보였다. 때문에 주일 설교도 진보적인 교회에 출석해 들었다.

그런데 아버지가 되면서부터 보수 복음주의 신앙으로 바뀌게 되었다. 40대가 되기 전 이미 30대에 보수가 되었으니 철이 일찍 들은 것일까? 아마 아버지가 안 되었으면 진보로 남아 있었을지도 모를 일이다. 진보주의 신앙과 철학을 가지고는 도저히 아들들의 가치 교육을 시킬 자신이 없었던 것이다.

한편 진석이는 20대 때도 보수였다. 그러니까 통계적으로는 소수에 속하는 셈이다. 진영이가 "형은 20대임에도 보수니까 뜨거운 가슴이 없는 사람"이라고 비난한 적이 있었다. 그러자 진석이는 "나는 20대지만 정신 연령이 40대처럼 성숙했기 때문"이라고 응수했다.

상식적으로 이렇게 차이를 보이는 두 아들을 똑같은 방법으로 가치 교육을 할 수는 없다. 만일 우리 집에서 엄마 아빠 그리고 형이 같은 생각을 한다고 똘똘 뭉쳐서 진영이에게 틀렸다고 비난이나 일삼고 흉이나 보았다면 진영이의 영웅이 되지 못했을 것이다.

보수냐 진보냐는 서로 다른 생각이요 철학이지 어느 하나가

옳고 그른 것이 아니다. 그러니까 자녀들에게 부모의 가치나 믿음을 일방적으로 가르치려 하는 것은 금물이다. 사회와 국가와 세계가 인정하는 공통가치와, 민족이나 부모가 속한 집단의 고유가치는 분별해서 알려 주어야 한다. 공통 가치로는 자존감, 정직, 근면, 성실, 사랑, 용기, 충성, 용서, 화해, 정의, 평화, 자유, 평등 등이 있다. 특히 정직과 헌신이 강조되어야 할 것이다. 한편, 우리의 전통 가치로는 효행과 경로사상을 들 수 있다. 하지만 이것이 인류 모두에게 아름다운 공통의 가치는 아니다.

에이브러햄 링컨의 이상적인 자녀 교육

링컨이 받은 교육

링컨은 형식적인 학교 교육Formal Education을 받지 못했다. 당시에는 지금의 초등학교나 중학교 같은 학제가 없었다. 대학과 지금의 고등학교에 해당하는 대학준비학교가 동북부 지방에 있을 뿐이었다. 비록 규모가 큰 농장을 운영했다지만 평범한 시골마을에서 태어난 링컨이 선택된 상류 부유층이 다니는 기숙사가 있는 대학준비학교를 가지 못한 것은 당연했다. 게다가 그나마 있는 학교들이 보스턴을 중심으로 뉴잉글랜드 동북부 지방에 몰려 있어서 중서부 지방에서는 웬만큼 돈이 있어도 자녀를 학교에 입학시키기가 어려웠다. 링컨이 소년 시절 부친과 함께 농사를 짓던 농장은 현재 인디애나 주립공원과 국립공원으로 만들어져 문화재로 보존되고 있다.

링컨은 이처럼 정규학교는 다니지 못했지만 가정에서 어머니에게 최고의 가치 교육을 받았다. 링컨의 어머니는 아버지의 반대에도 불구하고 성경에 나오는 이야기를 읽어 주며 읽기와 쓰기를 가르쳤다. 그러한 가정 교육으로 링컨은 아름다운 세상을 만드는 꿈을 가지게 되었고 역경 속에서도 포기하지 않는 끈기를 배울 수 있었다. 이는 후에 링컨이 대통령에 당선된 후 한 말에 잘 나타나 있다.

"오늘날의 나는 모두 어머니가 있기에 가능했다. 왜냐하면 나는 어머니에게 꿈꾸는 것을 배웠고, 시련과 역경 속에서도 끝까지 그 꿈을 포기하지 않는 것을 배웠기 때문이다."

반면 링컨의 부친 토머스 링컨은 미래에 대한 비전도 없이 그저 그날그날 농사짓고 사는 데 만족하는 사람이었다. 그래서 링컨 모자가 농사일을 마치고 책을 읽고 있는 모습을 참지 못했다. 하지만 링컨은 이미 책을 통해 새로운 세상과 미래를 꿈꾸게 되고 새로운 발견에 대한 기쁨과 흥분을 느꼈기 때문에 기회만 있으면 책을 잡았다. 그러니 아버지 눈에 링컨이 점점 미워질 수밖에.

결국 부자간에 심각한 갈등이 생겼다. 아들은 누가 시키지도 않는데 일손만 놓으면 책벌레가 되고, 아버지는 이를 결사적으로 말리게 된 것이다. 점점 그 정도가 심해져 나중에는 집의 농장 일을 다 해서 할 일이 없으면 이웃 농장을 도와주라고 했고, 급기야는 그것도 부족해서 멀리 떨어진 곳까지 보내 돈을 벌어 오게 하고 그 돈을 빼앗았다고 한다. 링컨은 "나도 한때는 노예였다."라는 말을 했는데 역사가들은 이 때를 두고 한 말이라고 분석한다.

부자 관계가 얼마나 나빴는지 성자 같은 인품으로 알려진 링컨이었지만 아버지 장례식에도 가지 않았을 뿐 아니라, 대통령이 되어서도 아버지 묘지에 비석조차 세우지 않았다고 한다. 링컨이 세상을 떠난 지 20년 후에야, 링컨의 아들 로버트가 할아버지 묘지에다 "제16대 대통령 에이브러햄 링컨의 부친 토머스 링컨"이라고 쓴 비석을 세웠다고 한다.

이처럼 링컨은 농촌 출신의 평범한 사람이었다. 그러한 그가 미국 역대 대통령 중 가장 위대한 대통령으로 평가받는 것은, 스스로 고백했듯이 어머니의 사랑과 인격 교육의 열매라 할 수 있다. 그러나 어찌 보면 무자비하고 무식해 보이는 아버지도 한 몫을 한 셈이다. 공부에 대한 방해도, 자유를 구속하는 핍박도 아들의 인격 형성에 긍정적 영향을 미쳤기 때문이다. 링컨은 아버지의 부당한 양육 때문에 가슴 깊은 곳에 치유되지 않는 상처를 품고 평생을 살아야 했지만, 그러한 아픔과 고뇌와 역경을 통해 온화함 속에서도 강인한 성품을 키웠다. 링컨의 위대함이 여기에 있다. 불행한 환경을 평범한 사람들이 고귀한 가치로 여기는 정직, 자유, 끈기, 친절, 배려 등을 배울 수 있는 기회로 삼았던 것이다.

링컨의 자녀 교육

이러한 링컨도 보통 사람들과 마찬가지로 가정환경과 부모의 양육 방법에서 커다란 영향을 받았다. 자신의 인격 형성뿐 아니라, 아들들의 교육에서도 마찬가지였다.

링컨 부부에게는 딸이 없이 아들만 넷 있었다. 그중 둘째 아들 에디는 일리노이에서 주의원으로 활동할 때 잃었다. 그때 에디는 겨우 세 살이었다. 대통령으로 당선되어 일리노이를 떠날 때, 링컨은 고별인사에서 아들의 무덤을 두고 떠나는 슬픔을 언급하기도 했다.

아버지를 가장 많이 닮은 셋째 아들 윌리는 대통령 재임시 백악관에서 잃었다. 그때 윌리는 11세였는데, 당시에는 의학이 발달되지 않아 면역력이 약한 어린이들이 많이 죽을 때였다.

　막내아들 테드는 장애아였다. 언청이로 태어났는데, 특히 언어장애가 심해 발음을 제대로 하지 못했다. 당시에는 초등학교 중학교 제도 자체가 없을 때라 아버지가 저격당할 때까지 백악관에서 친구도 없이 지냈다. 그때가 7세 때부터 12세까지였다.

　대통령 재임 기간 중 장남 로버트는 하버드대 재학 중이었고, 윌리와 테드 두 아들이 백악관에서 살았다. 윌리와 테드는 나이 차이가 얼마 나지 않아 좋은 친구가 될 수도 있었을 텐데, 지성과 감성이 아버지를 닮아 조숙한 윌리가 동생을 감독하는 입장이라 서로 쫓고 쫓기는 생활을 했다.

　테드는 눈에 띄는 언청이라는 장애와 발음을 제대로 하지 못하는 언어 장애의 부정적 영향이었는지 모르지만 장난이 심했고 인성 발달에도 부정적 측면이 많았다. 윌리가 살아 있을 때도 테드는 대통령 집무실에서 아주 살았다. 그러나 링컨은 "엄마한테 가서 놀아라."라고 한마디 할 뿐 강제로 내보내지는 않았다. 링컨 자신이 성장할 때 억압받고 의지가 꺾였던 경험 때문인 것으로 추측된다. 때로는 커다란 녀석이 집무실 테이블 아래에 들어가 놀기도 하고, 어쩌다 각료들이 야단이라도 치면 바닥에 누워 울면서 떼를 쓰기도 했다. 이런 것들을 생각할 때, 정서 장애 또는 학습 장애 증상을 다분히 가지고 있던 소년이었다.

테드는 형 윌리와 놀기보다는 어른 각료 특히 국무 장관 스워드와 자주 게임을 했다. 하루는 둘이서 내기를 했는데 스워드 장관이 맞추면 테드가 25전을 주고, 못 맞추면 스워드가 25전을 주기로 한 것이다. 수수께끼는 테드가 받은 성탄 선물이 어떤 동물인가였다. 스워드가 토끼라고 대답하니까 테드는 "틀렸어요!" 하고 25전을 받아 달아났다. 그 후 윌리가 스워드 국무 장관에게 테드가 정직하지 못했다고 말해 주었다. 토끼를 선물로 받고도 25전을 받기 위해 거짓말을 한 것이다.

25전은 한국 돈으로 3,000원 정도지만 당시에는 무척 큰 액수였다. 150년 전 일이니까 말이다. 정직은 링컨 대통령의 생활 모토 중 하나였는데 열 살 난 아들이 아버지에게 신임받는 국무 장관에게 거짓말을 한다는 것은 오늘날 개념으로 볼 때 정서 장애 증상에 포함된다.

또한 테드는 형이 죽었는데도 크게 슬퍼하지 않았다는 기록이 있다. 아버지의 가르침과는 반대로 돈을 좋아했는데, 그럼에도 불구하고 10세 때 25전짜리 동전 네 개와 1달러짜리 은화 한 개의 가치가 똑같다는 사실을 몰랐다고 한다. 그러나 다른 분야, 특히 정치적 판단 능력이 탁월하여 아버지를 돕기도 했다. 이렇게 한 개인 내에서 예외적인 능력 차이를 보이는 것이 학습 장애이다. 하지만 학습 장애를 가지고도 얼마든지 천재가 될 수도 있다. 아인슈타인과 에디슨이 대표적인 예이다.

링컨은 아들 테드를 각료회의에도 참석시켜 다른 사람들의 비난을 받았다. 다른 사람들에게 테드는 언청이에다 말도 제대로 못하고 거짓말이나 하는 덜 떨어진 아이로밖에 보이지 않았다. 그러나 링컨은 아들의 다른 위대한 능력을 볼 수 있는 눈을 가지고 있었다. 그에게 밖으로 드러난 아들의 장애는 문제가 되지 않았다. 산수를 못하는 것도 전혀 걱정하지 않았다. 아들이 거짓말을 하다 들켜 대통령 체면이 말이 아니었을 때에도 아들을 사랑으로 감싸 안았다. 오직 테드 안에 있는 숭고한 인간애에 근거한 판단력을 존중하고 귀히 여기며 길러 주기 위해 힘썼다.

하루는 링컨이 죄수를 사면하는 서류에 서명을 하고 있었다. 그런데 곁에서 지켜보던 테드가 "사면이 아니라 감형으로 하세요."라고 했다. 링컨은 아들의 말을 듣고 다시 한번 생각해 보더니 감형으로 고쳐서 서명했다.

또한 이런 일도 있었다. 육남매를 둔 한 어머니가 범법 행위를 저지른 후 용서를 구하기 위해 백악관을 찾아와 서성거리고 있었다. 마침 밖에 나와 놀던 테드가 이를 보았고, 딱한 사정을 들은 테드는 링컨에게 가서 자애로운 어머니로 돌아가 육남매를 잘 기르라고 용서를 간청했다. 물론 링컨은 아들 말대로 사면해 주었다.

이런 일이 자주 반복되다 보니 테드는 '독재자'라는 별명까지 얻었다. 또한 각료들은 전쟁 상황이나 전략에 관한 비밀도 대통령께 독대로 보고하고 의논할 기회를 가지지 못해 여기저기서 불평이 튀어나왔다. 하루는 어떤 각료가 스워드 국무 장관에게 "군사 비밀을 아무도 없을 때 대통령께 보고를 해야 하는데."라고 했더니 스워드 장관이 이렇게 대답했다고 한다. "테드가 없을 때 보고해 보았자 대통령이 바로 가서 이야기할거요."

　링컨은 테드가 열두 살 때 전쟁터에도 데리고 갔다. 남군의 본거지 중 하나였던 버지니아 주에서 북군이 반란군을 진압할 때였다. 대통령이 당도하자 누군가 큰 소리로 "생포한 반란군들을 어떻게 할까요?"라고 물었다. 그러자 그곳에 모였던 군중은 한 목소리로 "교수형에 처하라!"고 외쳤다. 그 소리를 들은 테드는 "그들을 그대로 가두어 두라. 후에 쓸데가 있을 것이다."라고 했다. 그러자 링컨은 테드의 말을 그대로 복창했다. 군중의 판단은 근시안적인 것이었고 테드의 판단은 인간애에 근거한 원시안적인 판단이었기에 링컨은 그 목소리를 받아들였다.

　링컨은 테드를 백악관에서 버릇없이 제멋대로 키웠다고 비난을 받고 있다. 하지만 특수 교육적 관점에서 보면 한 세기 이상을 앞서간 위대한 교육자라 할 수 있다. 아이가 하라는 대로 했다는 비난을 받기도 했지만, 다른 사람들이 못 보는 아들의 강점을 보고 개발해 주었기 때문이다.

 언청이에 발음도 제대로 못해 우스갯감이 되고 간단한 산수도 못하는 자신의 모습을 보고 테드의 자존감이 얼마나 손상되었을지 짐작할 만하다. 아버지로서 링컨은 그것을 알고 자존감을 길러주려 했을 것이다. 겉에서 보기에는 어떨지 몰라도 링컨이 무조건 아들 말을 듣지는 않았을 것이다. 아들 판단이 맞았다고 생각하니까 받아들였고, 아들에게 그런 말이 먼저 나오게 유도함으로 테드의 자존감과 인간성을 개발한 것으로 높이 평가하고 싶다.

 요컨대 링컨은 가정에서 완벽에 가까운 아들의 인격 교육을 했다는 것이다. 그러한 증거는 로버트의 학교 교육을 소개한 후 인용한 편지를 참고하면 알 수 있다.

 링컨은 대학준비학교나 대학에서 공부하지 못했다. 그러나 당시에는 다수가 그러했다. 그런 학교에는 극소수 상류 특권층 자녀들만 갈 수 있었다. 그래서 링컨은 독학으로 변호사가 되어 정직을 모토로 개업했다. 그 후 일리노이 변호사협회를 창립하고 회원이 되는 젊은 변호사들에게 정직할 수가 없거든 일찌감치 변호사직을 떠나라고 역설해 오늘날도 정직한 변호사로 이미지가 남아 있다.

 링컨이 주의회로 진출해 주의원으로 활동할 무렵 장남 로버트가 학교에 갈 나이가 되었다. 초등학교 1학년 아니라, 기숙사가 있는 대학준비학교 즉 지금의 고등학교에 갈 나이가 되었다는 말이다. 그 때는 동네마다 있는 공립학교 제도가 생기기 전이라 교육이 누구에게나 보편화된 때가 아니었다.

링컨은 장남 학교 교육과 관련하여 "나는 학교를 못 다녔으니 아들에게는 다른 경험을 하게 해주고 싶었다."고 했다. 이와 같이 자신이 경험하지 못한 학교 교육에 대한 동경과 큰 기대로 장남을 영국에 있는 대학준비학교로 유학을 보냈다. 그 당시 일리노이 주립대학에 대학준비학교가 생겨서 네 명의 교사가 가르치고 있었지만, 그것에 만족할 수 없어 영국으로 유학을 보낸 것이다. 자식에 대한 기대와 생각도 우리와 전혀 다를 바 없었던 듯하다.

그런데 그 아들이 영국에 가서 1년 3학기를 수학하는 동안 17과목 모두 낙제 점수를 받았다. 하는 수 없이 링컨은 아들 로버트를 다시 불러들여 일리노이 주립대학에 설치된 대학준비학교에 보냈다. 하지만 그곳에서 4년 동안 공부하면서 올A를 받고도 너무 쉬워 전혀 도전이 안 된다고 했다. 아니나 다를까 하버드대 입학지원서를 냈는데 보기 좋게 낙방이었다. 하지만 링컨은 하버드대에 대한 기대를 접지 못했다. 그래서 외로움을 타는 아들을 위해 그 친구 조지와 함께 다시 유학을 보냈다.

이번에는 영국이 아니라 동북부 지방 뉴햄프셔 주 조그마한

마을 엑서터에 소재한 필립스 아카데미였다. 엑서터로 보낸 것도 하버드대에 대한 미련 때문으로 추측된다. 왜냐하면 엑서터는 하버드대 준비학교로, 앤도버는 예일대 준비학교로 알려져 있었기 때문이다.

로버트와 조지는 필립스 엑서터 아카데미에서 만 1년 동안 준비하여, 드디어 로버트는 하버드대에 입학하고 조지는 다시 낙방을 하여 예일대에 입학했다. 아들 로버트가 하버드대에 입학함으로 자신이 경험하지 못한 대학 교육의 경험을 주게 된 것이다. 그때가 1860년 9월이었다. 두 달 후인 11월 대선에서 승리하여 미국 16대 대통령이 되었으니 경사가 겹친 셈이었다. 대통령 선거 운동 중 링컨은 필립스 엑서터 아카데미를 방문하여 미국 교육사에 기록을 남기기도 했다.

내가 링컨이 쓴 두 장의 편지를 접한 것은 1976년 9월 학기였다. 당시 졸업으로 유효기간이 만료된 학생 비자를 연장하기 위해 포스트 닥 프로그램Post-doc. Program에서 택한 고등 교육사 시간 교과서에서 본 것이다. 세 살 된 진석이와 생후 3개월 된 진영이를 잘 키워 보려고 이상적인 자녀 교육의 역할 모델을 찾고 있을 때라 무척 마음에 들었다.

아들이 하버드대에 합격하고 친구인 조지는 불합격했다는 편지를 받고 조지를 위로하고 격려하기 위해 쓴 편지는 유명하다. 또한 거듭되는 실패에도 불구하고 하버드대 진학 준비를 다시 하기 위해 필립스 엑서터 아카데미에 아들을 보내면서 교사들에게 보낸 편지 역시 소중한 자료가 되고 있다. 그 두 장의 편지는 링컨의 고귀한 인격을 반영할 뿐만 아니라, 이상적인 가치 교육 목표로 삼을 만하다. 한 문장 한 문장을 깊이 음미하면서 자신과 자녀들의 인격 교육의 방향과 목적을 설정하는 데 활용하라. 참고로 조지에게 쓴 편지에 나오는 밥(Bob)은 아들 로버트의 줄인 이름이다.

친애하는 조지에게

어제 자네가 하버드대학 입학시험에 떨어졌다는 밥의 편지를 받고 얼마나 가슴이 아팠는지 모르네. 너무 상심하고 좌절하지 말게나. 자네가 충분히 하버드대에 입학해서 성공적으로 학업을 마칠 수 있다는 것은 나뿐만이 아니라 자네도 잘 알고 있지 않은가? 한번 도전을 했으니 꼭 성공해야지. 꼭 말일세.

자네에게 내가 어떤 도움을 줄 수 있을지는 모르겠으나, 세상의 크고 작은 풍파를 먼저 경험한 인생 선배로서 내가 해줄 수 있는 말은 단호한 결심으로 노력하면 실패하지도, 실패를 할 수도 없다는 것일세.

하버드대 총장님은 좋은 분이시라 아마 면담을 허락해 주실 것이네. 그분에게 무엇을 고쳐야 하는지, 보충을 해야 하는지 등의 입학 준비 관련 조언을 구해 다시 시험을 준비하는 것도 좋은 생각으로 보이네.

이번 실패는 일시적인 일보 후퇴일 뿐, 자네가 쉽게 학교에 입학한 다른 학생들보다 훌륭한 학자가 되지 못할 것이라는 증거도, 인생의 낙오자라는 증거도 아니란 걸 기억하게나.

다시 한번 부탁하니, 너무 좌절하지 말게. 나는 자네가 크게 성공할 인물이라는 것을 굳게 믿고 있으니 말일세.

1860년 7월 20일
자네를 늘 걱정하는 진정한 친구
에이브러햄 링컨

선생님께

우리 아이도 세상사람 모두가 공평하지도,
정직하지도 않다는 것을 언젠가는 깨닫게 될 겁니다.
하지만 세상에는 건달만이 아니라 영웅도 존재한다는 것을,
이기적인 정치인이 있으면 일신을 바치는 지도자가 있다는 것을,
원수가 있다면 아이와 늘 함께할 친구도 있다는 것을 가르쳐 주십시오.

질투와 시기를 멀리하게 해주시고,
조용한 미소의 만족을 가르쳐 주십시오.

약한 자를 괴롭히는 자는 그들보다 더 약하다는 사실을 배우게 해주시고,
책 속에서 상상의 나래를 펴는 방법을 가르쳐 주십시오.
우리 아이에게 하늘의 새들과, 맑은 햇살 속의 벌들과,
푸르른 언덕의 꽃들과 함께할 명상의 시간을 주시고,
커닝한 일등보다 정직한 낙제생이 더 명예롭다는 것을 가르쳐 주십시오.

우리 아이에게
남들이 다 틀리다고 말해도 자신을 믿을 수 있는 소신을 심어 주시고, 약한 자들에게는 부드러운 온화함으로,
강한 자들에게는 담대하게 대응할 수 있는 법을 가르쳐 주십시오.

세상이 시류에 편승할 때 군중을 따르는 대신
홀로 설 수 있는 뚝심을 길러 주시고,
모든 사람들의 의견에 귀 기울이는 법과
진실이라는 거름망에 사실을 여과해 받아들이는 법을 가르쳐 주십시오.

슬플 때 웃는 법을,
눈물을 부끄러워할 필요가 없다는 것을 가르쳐 주시고,
세상의 냉소를 웃어넘길 줄 아는 재치와
아첨과 아부를 경계하는 법을 가르쳐 주십시오.

우리 아이에게
힘과 지식은 최고가最高價에 팔아야 하지만,
마음과 영혼에는 가격표를 붙일 수 없다는 것을 가르쳐 주시고,
울부짖는 군중 앞에서 자신의 믿음에 확신을 가지고
싸울 수 있는 능력을 길러 주십시오.

늘 온화함으로 우리 아이를 대해 주십시오.
그러나 너무 아껴만 주시진 마십시오.
대장간의 뜨거운 불 속에서만이
훌륭한 철이 만들어질 수 있는 것 아니겠습니까?

우리 아이에게

무엇인가 갈망할 수 있는 용기와

꺾이지 않고 맞서 도전할 수 있는 인내심을 허락해 주시고,

세상 사람들을 숭고한 믿음으로 대할 수 있도록

자신을 사랑하고 믿는 법을 먼저 가르쳐 주십시오.

많은 부탁이라는 것은 압니다.

하지만 최선을 다해

지금보다 더 훌륭한 인물로 자라도록 지도해 주시길

이 편지를 빌어 부탁드립니다.

1859년 9월

에이브러햄 링컨

당시 나는 교육학으로 박사학위를 받은 후였음에도 이상적인 자녀 교육에 관한 구체적인 아이디어가 없었다. 그런데 링컨의 편지에는 구체적인 인격 교육의 내용이 고스란히 담겨 있었다. 그 후 링컨을 가장 가까운 스승으로 친구로 곁에 있는 것처럼 느끼면서 살아왔다. 그래서 지금까지도 강연에서 자주 인용을 한다.

진석이는 로버트의 재판이라고 할 수 있을 정도이다. 거듭되는 실패에도 불구하고 링컨은 끝까지 포기하지 않고 아들을 격려하고 지도해서 하버드대에 보냈다. 조지에게 쓴 편지를 브면, 하버드대 총장을 만나 무엇이 부족한지 알아보고 그 결함을 보충하여 다시 시도할 것을 바라고 격려하는 내용이 들어 있다. 진석이가 초등학교와 중학교 때 매년 거듭해서 실패했을 때 낙심되고 좌절도 되었지만 링컨 부자를 생각하면서 위로도 받고 용기를 얻어 포기하지 않을 수 있었다.

필립스 아카데미 양교는 교육이념도 같고 비슷한 것도 많지만 다른 점도 많다. 그래서 진석이가 앤도버와 엑서터 둘 다 합격했을 때 행복한 고민을 하기도 했다. 그때도 링컨을 생각하면서 엑서터를 선택했던 것이다.

당신도 링컨을 보고 배우고 본받으라. 그도 우리와 같이 평범한 사람이었지만, 부단한 노력으로 위대한 사람이 되었다. 그와 같은 철학과 방법으로 인생을 살고 자녀를 양육하면, 우리도, 우리 자녀도 위인이 될 수 있다!

부시 왕조를 만든 고귀한 가치들

아버지 부시 대통령의 가치관

부시 가문은 미국 역사상 최고의 가문으로 불린다. 그에 비해 나는 대한민국이라는 조그만 나라, 조그만 시골 마을에서 초등학교에 해당하는 보통학교 교육을 받은 부모 슬하에 태어났다. 게다가 어린 시절 양친과 시력마저 잃어 이 세상에서 가장 낮고 약한 사람들 중 하나에 불과한데 어떻게 그 막강한 부시 가문과 인연을 맺을 수 있었을까?

겉으로 보기에는 최강의 부시 가문과 낮고 약했던 나와는 공통점이 없는 것처럼 보인다. 그러나 공통적인 것이 한 가지 있었다. 바로 신앙과 가치관이었다. 내 인격을 형성하고 있는 보편적인 가치들이 책을 통해 아버지 부시 대통령에게 알려지면서 우리 인연은 시작되었다.

1990년 10월, 진영이가 다니는 필립스 앤도버 아카데미를 방문했을 때, 교장선생님께 *A Light in My Heart*를 선물로 드렸다. 책을 훑어보신 교장선생님은 조지 부시 대통령에게 한 권 보내드리면 좋을 것 같다고 하셨다. 그래서 별 기대 없이 한 권을 보내 드렸는데, 뜻밖에도 5주 후에 답신을 받았다. "……당신의 책은 장애가 있는 사람이든 없는 사람이든 헤아릴 수 없이 많은 사람들에게 감동을 주고 귀감이 됩니다."라고 타자로 쓴 감사 편지에 대통령이 직접 서명한 것이었다.

그렇게 우리의 인연은 시작되었다. 그리고 4년 후, 아버지 부시 대통령을 직접 만날 기회가 있었다. 부시 전 대통령이, 내가 부의장직을 맡고 있는 UN 세계장애위원회 명예의장이 된 것이다. 그 편지를 받고 늘 궁금하게 생각했던 터라, 나의 생애를 담은 책이 왜 수많은 사람들에게 감동을 주고 귀감이 된다고 했는지를 물었다. 그러자 "당신의 책은 언어와 문화를 초월해서 존재하는 인간의 가치들이 반영되어 있습니다."라고 했다. "그럼, 구체적으로 그런 가치가 무엇인가요?"라고 다시 묻자, "신앙, 결심, 끈기, 아픔에 동참하는 마음입니다."라고 했다.

이 네 가지 단어는 우리가 일상생활에서 늘 쓰는 말이다. 그런데 아버지 부시 대통령은 그것들을 언어와 문화를 초월해서 존재하는 인류의 공통 가치로 볼 수 있는 새로운 눈을 가지고 있었다. 나의 생애 가운데 그러한 가치가 반영되어 있고 글까지 써 놓고도 그런 시각으로 보지 못한 때라 신선한 충격이었다.

또한 어린 시절 가정에서의 가치 교육이 얼마나 위대한 힘을 가진 것인지 깨닫는 계기이기도 했다. 세계 최강국 대통령이 인간의 고귀한 가치라고 말하는 신앙, 결심과 의지, 끈기 등을 나는 어릴 때 가정에서 배웠다!

가치 교육은 가정에서 시작된다

우리 부모님은 비록 교육을 많이 받지 못한 시골 분들이었지만, 내가 어렸을 때부터 그러한 가치들을 가르쳐 주셨다. 어머니 무릎에 앉아서 "여호와는 나의 목자시니, 내가 부족함이 없으리로다. 그가 나를 푸른 초장草場에 누이시며, 쉴 만한 물 가로 인도하시는도다." 하는 노래를 배운 것은 지금도 가장 오래된 아름다운 추억 중 하나이다.

우리 집은 초가집이었지만 안채도 컸고 사랑방도 있었다. 그래서 북한 정권이 세워지자 공산주의를 싫어하는 신학자들이 묵을 수 있었다. 특히 6·25 전쟁 때는 여러 분들이 한꺼번에 몰려와 피난을 하기도 했다. 그중 원산신학교에서 오셨던 차보은 선생님은 6·25 전쟁을 전후해서 장기간 함께 사셨는데, 그분을 통해 나는 신학교가 어떤 곳인지 어렴풋이 알게 되었다. 어머니는 그런 나에게 신학교에 가서 장차 목사가 되라고 하셨고, 또 그렇게 기도하셨다. 비록 어머니의 소원대로 목사가 되지는 않았지만, 어머니의 소원과 기도는 나의 인격형성에 커다란 영향을 미쳤다.

대학 진학을 앞두고 신학을 공부할 생각도 있었다. 그러나 그때는 이미 맹인 목사가 있을 때였다. 나는 다른 맹인들이 아직 하지 않은 새로운 분야를 개척하라는 주님의 음성을 듣고 교육학을 선택했다. 그러나 개척자의 길은 결코 수월하지 않았다. 대학에 입학할 때부터 시작해서 도미 유학을 하고 취직할 때까지 피나는 노력과 눈물의 기도만으로는 충분하지 않았다. 부당한 편견과 차별에 대항해서 끝까지 싸워 승리하겠다는 의지와 결심 또한 필요했던 것이다. 그러한 투쟁과정에서 나도 모르게 나타난 결심과 의지, 끈기는 어린 시절 비형식적으로 이루어진 가치교육을 통해 형성된 것이었다. 또한 그러한 고난, 편견, 차별 등을 극복하는 과정에서 다른 사람의 아픔에 동참하는 많은 사람들을 만날 수 있었다.

이제 나는 글과 강연을 통해서도 널리 알려졌다. 교회 초청 강사로도 지구촌을 누비고 있다. 한신목회개발원 이중표 목사님이 주관하는 목회자 세미나, 휘튼대학 캠퍼스에서 4년에 한 번씩 개최되는 한인세계선교대회, 대한예수교장로교 전국장로연합회 수련회를 위시해서 교파를 초월해 한국과 미국 대형교회 수백 곳을 다녔다. 만 20년 동안 그런 왕성한 활동을 계속할 수 있는 것은 무엇보다 어린 시절 가정에서 아름다운 세상을 만드는 꿈을 간직하고 살 수 있는 고귀한 가치들을 배웠기 때문으로 생각한다.

뿐만 아니라 나는 취학 전 어린 시절 어머니의 기도 내용을 일부 기억하고 있다. 한두 번이 아니라 여러 번 반복해 들었기 때문이다. 아들이 성장해서 하나님의 나라를 확장하는 목사가 되게 해달라고 기도하신 것도 기억한다. 당시 어머니는 하나님과 대화를 하신 것이지만, 이렇게 볼 때 나에게는 가치 교육을 하신 셈이다. 왜냐하면 그것은 아직도 내 마음 깊은 곳에 자리해서 가치 판단에 영향을 주고 있기 때문이다.

이와 같이 기도는 자녀의 인격과 헌신적 자세를 기르는 중요한 기회가 될 수 있다. 그러니까 조용히 골방에서 기도할 때도 있고, 사람들이 아직 잠자는 새벽에 교회에 홀로 가서 기도할 때도 있겠지만, 자녀들과 함께 기도하는 것도 중요하다. 흔히 기도는 감사와 찬양, 죄 고백, 그리고 소원을 간구하기 위해 드린다. 이 네 가지와 관련해서 자녀들을 위해 기도하고 싶은 내용을 미리 잘 준비했다가 함께 기도하면 아름다운 기도의 열매를 맺을 수 있다. 뿐만 아니라 잔소리로 들려서 생기는 역효과도 피할 수 있다.

기도에 대한 시야를 넓혀라. 그리고 기도에 대한 생각과 발상을 바꾸라. 기도는 가정 교육에서 중요한 가치 교육의 기회가 될 수 있다.

아들 부시의 가치관

나는 아들 부시 대통령에게서도 정도의 차이가 있을 뿐 신앙과 남의 아픔과 역경에 동참하는 마음에 관한 유사한 체험을 했다. 아들의 신앙은 부친에 비해 보수적이며 복음적이다. 언행과 정책에서 이를 쉽게 알 수 있다. 그리고 부친에 비해 훨씬 성격이 따뜻하고 서민적이며 친절하다. 그러한 성품을 엿볼 수 있는 기회가 여러 번 있었다.

1990년 부친께 드렸던 책을, 2002년 아들 부시 대통령에게도 드렸다. 그 선물에 대한 반응은 훨씬 더 사적이고 친밀했다. 또한 백악관 브리핑 룸에는 단상으로 올라가는 계단이 있는데, 나와 이야기를 나눌 때 "계단을 조심하세요."라고 친절하게 알려주기도 했다.

2003년 3월 6일, 백악관 아이젠하워 건물에서는 이런 일도 있었다. 잠시 휴식 시간에 부시 대통령이 그 회의 장소에 들렀다. 그때 나는 화장실에 가서 자리를 비운 때였다. 잠시 둘러보던 대통령이 "강 박사는 어디 갔느냐?"고 물었다는 것이다. 화장실에 잠깐 갔나 보다고 했더니, 화장실 쪽 복도로 나오기까지 했다. 마침 내가 화장실 문을 열고 복도로 나왔는데 아주 반가워하며 "박사님, 안녕하세요?"라고 먼저 인사를 건네는 것이었다.

평등과 인간 존엄에 대한 가치 표현도 부친보다 구체적이다.

이는 "우리는 하나님의 형상대로 지음 받았습니다. 그러므로 하나님의 눈으로 보시기에는 인간 모두가 평등하고 존귀합니다. 흑인이든, 백인이든, 황인이든 평등하며, 장애인이든, 비장애인이든 누구나 존귀합니다. 모든 사람들에게 그러한 평등과 존엄을 보장하는 것이 정책의 목적이요 기준이 되어야 합니다."라는 취임연설에 잘 나타나 있다.

또한 백악관에서 개최된 아시아 문화유산의 달 행사 연설에서는, "권력은 지위에서 나오는 것이 아니라 당신이 믿고 있는 것에서 나온다."고 했다. 신념에서 힘이 나온다는 말이다.

2004년 2월 9일, 국가장애위원회 회의가 플로리다에서 있었다. 회의 참석차 그곳에 갔다가 제브 부시 플로리다 주지사를 만나게 되었다. 참으로 반갑고 뜻 깊은 만남이었다.

1994년 5월 문화방송에서 아내와 공저한 자전적 수필, 『어둠을 비추는 한 쌍의 촛불』을 토대로 특집극 "눈먼 새의 노래"를 제작하고 있을 때였다. 아버지 부시 대통령이 에필로그에 출연해 한 마디 해주면 도움이 되겠다는 제안이 들어왔다. 당시 나는 전직 대통령 강사료가 십만 달러 또는 그 이상이라는 사실을 전혀 몰랐다. 그래서 대담하게 출연을 부탁드리는 서신을 보내게 되었다. 그런데 놀랍게도 승낙이 떨어졌고, 그 건으로 아버지 부시 대통령을 방문하게 되었다. 나는 가족들을 함께 데리고 갔다.

그랬더니 마치 손자들을 대하듯이 진석이와 진영이를 반갑게 맞아 주었다. 진영이가 룸메이트의 부탁이라며 사인을 부탁드렸는데 여기에도 아주 친절하게 응해 주었다. 게다가 나중에는 "……당신의 가족을 만난 것은 어제 나에게 준 최고의 기쁨이었습니다."라는 감사의 서신을 먼저 보내 주었다.

이런 여러 가지 일에 감사를 표하기 위해 천 달러를 수표 세 장으로 나누어 보냈다. 즉, 500달러짜리 수표를 부시 대통령 기념 도서관 앞으로 보내고, 250달러짜리 두 장을 텍사스 주지사, 플로리다 주지사로 각각 출마한 두 아들 선거 운동본부 앞으로 보낸 것이었다. 그것이 계기가 되어 두 아들 부시와 교제가 시작되었다.

제브 부시는 그 선거에서 떨어졌지만 나에게 무척 친절했다. 직접 쓴 『인격의 프로필』이라는 책도 선물로 보내 주었다. 그 책은 훌륭한 인격과 고귀한 인간의 가치관으로 아름다운 세상을 만들어가는 평범한 사람들의 프로필로 채워져 있다. 그래서 아름다운 세상은 위인이 만들어가는 것이 아니라, 평범한 사람들이 위대한 생각을 하고 위대한 일을 해서 보통 사람들의 모범이 되고 영웅이 되어 만들어간다는 것을 전한다. 그 가운데 청소부 할아버지의 이야기를 하나 소개한다.

> 아름다운 세상은, 평범한 사람들이 위대한 생각을 하고 위대한 일을 해서 보통 사람들의 모범이 되고 영웅이 되어 만들어간다.

플로리다에서 청소부로 일하던 한 할아버지가 어느 날 현금 뭉치를 주웠다. 경찰서에 가져가야겠다 싶었는데 문득 텍사스에 살고 있는 손자들 생각이 났다. 얼마 후면 성탄절인데, 손자들에게 선물을 살 만한 여유가 없었던 것이다.
'500달러쯤 빼놓고 갖다주어도 괜찮지 않을까?'
하지만 또한 이런 생각도 들었다.
'손자들이 "할아버지, 돈이 어디서 나서 이렇게 좋은 선물을 사오셨어요?"라고 물으면 뭐라 대답하지?'
생각이 이쯤 가자 할아버지는, "손자들에게 더 좋은 선물은 값비싼 물건이 아니라 바로 정직"이라는 결론을 내리게 되었다. 현금 뭉치를 주웠지만 탐내지 않고 정직하게 주인을 찾아 주었다는 이야기를 선물로 하기로 마음먹은 것이다.

그 책을 읽은 후, 제브 부시와 가깝게 느끼고 교제해 왔다. 그의 인격을 형성하고 있는 가치들을 책을 통해 잘 이해할 수 있었기 때문이다.
부잣집 상류 특권층에 태어나지 못했다고 불평하지 말라. 오히려 가난과 역경도 당신과 당신의 자녀를 위인으로 만드는 자양분이 된다는 단순한 진리를 기억하라. 아무리 서둘러도 길은 하나이다. 평범함에서 위대함으로 가는 길은 가치 교육으로 인격과 헌신의 자세를 기르는 것이다.

CHALLENGES & OPPORTUNITIES

04
Commitment
셋째, 헌신은 학습된다

태도가 지능보다 운명과 성취에 더 큰 영향을 미친다는 사실은 정설이 된 지 오래다. 아무리 기본 능력으로 타고난 지능지수가 높을지라도 태도 또는 자세가 부정적이면 미성취자로 적자 인생을 살아갈 수밖에 없다. 반면 지능지수가 평균치 또는 중상 정도만 되어도 태도가 바르고 적극적이면 성취자로서 흑자 인생을 살아갈 수 있다.

구한말 실력자였던 민영익이 미국과 유럽을 여행할 기회가 있었다. 여행 중 새로운 것을 보고 듣고 배우고 느꼈어야 하는데 서양 문화에 대한 부정적 태도 때문에 그래도 문화는 중국과 우리나라가 더 우수하다고 공자 왈 맹자 왈만 공부했다고 한다. 이처럼 한 시대를 앞서가는 지도자의 태도는 역사의 물줄기를 바꿀 수도 있고 수많은 사람들의 운명과 성취와 성공에 커다란 영향을 미칠 수도 있다.

직업 중에는 사람들을 돕거나 섬기는 직업들이 있다. 의사, 간호사, 교수, 공무원, 카운슬러, 복지사 등이 이에 속한다. 특히 공무원들은 각 분야에서 공공의 봉사를 하는 사람들이다. 그래서 영어로는 국민을 위해 봉사하는 사람들, 즉 "civil servant"公僕라 한다. 이렇게 국민을 섬기는 직업을 가진 사람들이 헌신적 자세를 가져야 함은 너무나 당연하다. 보통 공무원들이 그러할진대, 특히 국가나 지방정부의 공공 정책을 개발하고 결정하고 실천하는 고위 공직자들은 어떠해야겠는가?

이제 대한민국도 잘사는 국가 중 하나가 되었다. 세계에서 열두 번째 경제대국이 되었고 OECD 회원 국가도 되었다. 지난 반세기 동안 피눈물 나는 노력으로 실력을 쌓고 유태 민족을 초월하는 교육열로 자녀들의 실력을 쌓은 결과이다. 그동안은 개발도상국이었기 때문에 실력만으로도 가능했다. 그러나 세계화된 지구촌에서는 실력만으로는 더 이상 전진이 어렵다. 선진국에서는 실력은 기본이고 인격과 헌신을 더 필요로 하기 때문이다.

이민사회에서도 마찬가지다. 실력만 인정받으면 아이비리그

대학에도 진학하고 좋은 회사에도 취직하던 때가 있었다. 그러나 이제는 인격과 헌신의 기준을 충족시키지 못하면 초일류대학이나 전문대학원 진학 혹은 승진이 어려워졌다. 승승장구하다가도 어느 날 갑자기 바닥으로 미끄러지는 것도 종종 볼 수 있다. 그 까닭이 무엇인가?

첫째로, 한인들의 뜨거운 교육열로 자녀들이 아이비리그대학을 위시해 소위 일류대에 많이 가지만, 사회에 나오면 인격이나 헌신의 자세가 결여되어 낙오되는 사람들이 늘어나고 있다는 통계가 있다. 뿐만 아니라 자신들을 키워준 지역사회나 모교에 대한 기여가 없는 이기주의 또는 집단 이기주의자들이 많다고 한다. 이러한 것들이 명문 대학들의 입학 정책에 반영되기 시작한

◎ OECD Organization for Economic Cooperation and Development, 경제협력개발기구

선진공업국을 중심으로 구성된 경제에 관한 국제협력기구로 파리에 본부를 두고 있다. 2차 세계대전이 끝났을 당시 주요 전장이었던 유럽 각국은 경제적 파멸 상태에 있었다. 이것을 타개하기 위해 당시 미국의 마샬 국무 장관은 1946년 6월 미국이 도와야 한다는 성명을 발표했다. 이른바 마샬 플랜이다. 1948년 4월, 마샬 플랜을 수용하기 위한 기구로서 OEEC(유럽경제협력기구)가 발족했다. 1950년대 후반까지 OEEC는 거의 목적을 달성했기 때문에 이를 대서양에 걸친 선진 각국의 경제협력기구로 개편하려는 움직임이 나타났다. 그 결과 1960년 12월, OEEC의 18개 회원국에 추가로 미국과 캐나다를 받아들여 20개국 각료와 당시 유럽공동체(EEC, 유럽경제공동체), ECSC(유럽석탄철강공동체), EURATOM(유럽원자력공동체)의 대표가 한 자리에 모여 '경제협력개발기구조'(OECD 조약)에 서명함으로써 OECD가 탄생하게 되었다. 그 후 일본, 호주, 뉴질랜드, 멕시코, 한국 등이 가세하여 OECD는 범 지구적인 국제기구로서 세계경제에 커다란 공헌을 하고 있다.

것이다. 아이비리그대학 중 하나인 펜실베이니아대학에서는 사립학교가 유지되기 위해서는 동문들의 기여가 큰 역할을 하는데 한인 동문들의 기여가 너무 없어서 입학 정책에 반영한다고 발표하기도 했다.

둘째는, 한인 이민 100년이라고 하지만 10년 전까지만 해도 아시아계 고위 공직자는 전혀 없었다. 그런데 아버지 부시 대통령이 처음으로 아시아계 6명을 고위 공직자로 임명했다. 이어서 클린턴 대통령이 아시아계 8명을 임명했는데, 한인 2세인 고홍주 박사가 국무부 인권 차관보로 임명되어 상원 인준을 받는 고위 공직자가 되었었다. 현 부시 행정부에서는 이민 1세인 필자를 포함, 아시아계 17명을 임명했다.

다른 각 분야에서도 한인들의 주류 사회 진출이 늘어가고 있다. 최근에 와서 한인 판사들만 캘리포니아에서 2명, 메릴랜드에서 2명, 플로리다에서 1명 등 모두 5명이고, 주검사들도 다수 있는 것으로 알려져 있다. 머지않아 연방 법원이나 검찰청에도 진출할 것으로 전망된다. 그밖에 언론계, 금융 경제계에도 다수 진출하고 있다. 그러나 아직은 타민족 특히 중국계나 일본계에 비할 정도가 아니고, 오히려 미성취자 또는 낙오자들이 많은 것으로 악명이 높다.

그런데 한인사회에서는 문제 진단을 잘못하고 인종차별 때문에 주류 사회 진출도 어렵고, 올라갈수록 눈에 보이지 않는 차별이 있어서 승진이 안 된다고 믿고 있는 사람들이 생각 외로 많다. 그러나 그것은 잘못된 생각이다. 실력뿐만 아니라 인격과 헌신적 태도를 길러 오명을 씻고 주류 사회에 우뚝 설 날이 속히 오기를 기대해 본다.

편견과 차별은 극복할 수 있다

차별의 종류와 정도가 다를 뿐 인간이 사는 사회에서 차별이 없을 수는 없다. 과거에도 있었고 현재에도 있으며 미래에도 있을 것이다. 문제는 그러한 차별을 어떻게 예방하고 금지하느냐이다.

미국에서 차별은 불법이다. 일반적으로 차별을 금지하고 개인의 인권과 평등한 기회를 보장하는 민권법이 있다. 그뿐만이 아니다. 각 분야에서 열 개가 넘는 세분화된 민권법들이 있다. 그러니까 차별 때문에 주류 사회 진출이 어렵다는 말은 사실과는 거리가 먼 이야기이다. 특히 위로 올라갈수록 차별은 적어진다. 왜냐하면 고위직에 있는 사람들일수록 차별이 불법이라는 사실을 잘 알고 있을 뿐만 아니라, 위법을 했을 때 자신들에게 오는 결과와 위험도 너무나 잘 알기 때문이다.

그러나 분명 미국 주류 사회에 진출하는 한인들이 상대적으로 적고 고위 공직자나 주류 사회 중견인사가 되는 경우도 드물었다. 한인사회에서 실력이 자신들보다 못한 사람들이 승진했다는 말도 자주 듣는데 그것도 사실일 가능성이 높다. 하지만 그러한 결과는 인종 차별에 기인한 것이 아니다. 실력은 갖추었으되 인격과 헌신의 기준에 미달되었기 때문이다. 정부에서든 기업에서든 고위직으로 올라갈수록 인간관계와 의사전달이 가장 중요한 기능이 된다. 인격을 갖춘 헌신적인 사람이라면, 상하 또는 동료들 모두에게 존중받는 지도자로 대인관계도 잘하고 의사전달도 잘할 수 있는 것이 자명하다.

현 부시 행정부에는 아시아계 장관이 2명이나 있다. 중국계인 일레인 차오 노동 장관은 대만에서 출생하여 초등학교 시절 유학 온 부모를 따라 처음 미국에 왔다. 유학을 마치고 부모가 대만으로 돌아갈 때 함께 돌아갔지만, 다시 혼자 공부하러 왔다가 미국에 정착했다. 일본계 노먼 미네타 교통부 장관은 당적이 민주당이다. 이미 클린턴 대통령 때 상무장관을 역임한 바 있다. 이민 2세로 미국에서 출생해 캘리포니아 산호제 시장을 거쳐 연방 하원의원을 20년이나 했다. 만약 인종차별이 주류 사회 진출이나 성취를 제한한다면 그들이 어떻게 장관직에까지 올라갈 수 있었겠는가?

미국에서는 5월이 아시아 문화유산의 달이다. 이는 1992년 아버지 부시 대통령이 의회를 통과한 법안에 서명함으로 비롯되었다. 지난 해 5월, 백악관에서 주최한 관련 행사에 참석할 기회가 있었다. 그 행사에서 아들 부시 대통령은 한인 이민 백주년을 언급했다. 지난 100년 동안 한인들이 이 땅에 이민 와 각 분야에서 기여하고 있다고 하면서, 특히 미국 문화를 더욱 다원화해 왔다고 했다. 그 행사에는 미 전국에서 아시아 소수 민족 지도자들이 150명 정도 초청되었다. 그중 절대 다수는 중국계였고, 그 다음으로 필리핀계가 많은 듯했다. 한인은 나를 포함해서 모두 세 명이었다.

나는 아시아계 최초 여성 장관인 일레인 차오 노동 장관이 주관하는 행사에도 초청되었다. 그곳에는 한인들이 좀 있었는데 모두 이민 1.5세와 2세뿐이었다. 그래도 젊은이들이 체면 유지는 해준 셈이었다. 그러나 리처드 아미티지 국무부 부장관이 주관하고, 콜린 파월 국무 장관까지 참석한 행사에서 나의 업적과 성취를 축하해 준다고 초청해서 가보았더니 다른 한인은 아무도 없었다.

지난 10년 동안 우리 한인 젊은이들이 경제계, 금융계, 언론계, 법조계 등에 진출하고 있는데 외교계는 전무한 것 같다. 매년 3,000명 정도가 지원하고 그중 200명이 최종 합격되는데 한인 지원자들은 거의 없다고 한다. 이제는 의사나 변호사에만 집착할 것이 아니라, 외교관을 포함해 정부 각 부서 공직에 활발하게 진출할 때가 왔다고 생각된다.

소수 민족에 대한 편견과 차별 때문에 어렵다고 불평하지만 말고 3C를 갖추어 도전하라. 설령 차별이 있다 하더라도, 정부 민권 담당 부서를 통해 평등권을 보장받을 수 있다. 또한 적극적이고 헌신적인 자세로 노력하면 법에 저촉되지 않는 한도 내에서 존재할 수 있는 사소한 편견이나 심리적 차별은 얼마든지 극복할 수 있다.

나는 장애인에 대한 편견과 차별을 극복했을 뿐만 아니라 그것을 유익으로 삼았다. UN 창립 50주년과 루스벨트 대통령 타계 50주년 기념으로 루스벨트 국제장애인상 제도가 수립된 직후에 있었던 일이다. 이 상은 루스벨트 재단과 세계장애위원회가 'UN 장애인 행동 계획'을 기준으로 장애인 재활과 복지에 괄목할 만한 성장을 이룬 나라를 매년 선정하여 시상하는 제도이다. 첫 수상국을 선정하는 평가회의에서 나는 대한민국을 추천했다. 그랬더니 모두들 농담으로 여기는 분위기였다. 그러나 나는 대담하게 상대평가를 한다면 대한민국이 받을 자격이 없겠지만 절대평가를 하면 충분히 자격이 있다고 역설했다.

첫째, 내가 대학에 입학원서를 냈던 1968년에는 장애인 대학 입학 거부가 공공연히 자행되고 있었다. 그러나 1996년 현재에는 장애인 대학 입학 특례가 제도화되어 서울대를 비롯한 국립대학도 입학이 가능하게 되었다.

둘째, 내가 연세대를 졸업하고 국제 로터리 재단 장학금으로 도미 유학을 떠나던 1972년만 해도 장애는 해외 유학 결격 사유로 되어 있었다. 당시 한미재단과 연세대가 그러한 법적 불평등 조항을 제거해 달라는 청원서를 제출하고 민관식 문교부 장관이 이를 받아들인 것이다. 그러니까 장애인 차별에 대한 법적 보호는커녕 오히려 정부가 차별을 선도하고 장려한 셈이었다. 그러나 이제는 한국도 차별을 금지하고 교육, 재활, 복지를 촉진시키는 법적, 제도적 장치가 마련되어 있다.

🌐 **UN 장애인 행동 계획** 장애인 10년 행동 계획 또는 장애인에 관한 세계 행동 계획

1976년 UN총회는 1981년을 "세계장애인의 해"로 정하고, 그 주제를 "완전한 참여"로 결정하였다. 이어 1979년 UN총회에서는 세계장애인의 주제를 "완전한 참여와 평등"으로 확대할 것을 결정하였다. 또한 1983년부터 1991년까지 "국제연합 장애인의 해 10년"을 채택하였으며, 1983년 총회에서는 "장애인에 관한 세계행동계획"을 채택하였는데, 이 행동계획에는 기회균등화를 실현하기 위하여 "장애인에게 학교교육, 취업 및 지역사회의 공공시설을 이용할 권리를 보장하고, 장애인의 이동을 방해하는 물리적 장벽을 제거하고 장애인에 대한 차별을 금지하는 법률이 제정되어야 한다"(세계행동계획 제61항)라고 하면서, 동시에 "장애인에 대한 기회균등이 제대로 이루어지지 않으면 장애인의 사회통합도 만족할 만한 수준이 아니다"(계획 제63항)라는 점을 강조하고 있다. 나아가 "회원국가는 장애인이 다른 시민과 평등한 기회를 부여받을 것을 확보하는 책임을 가져야 한다"(계획 제108항)라고 국가의 법제정 책임을 강조하였다. 이러한 세계행동계획은 평등한 기회에 대한 권리를 모든 인간에게 인정하고, 장애인의 인권개념을 확대하는 데 크게 기여하였다.

셋째, 1976년 내가 한국 최초 시각 장애인 박사로 금의환향하려고 했을 때에는, 장애인에 대한 편견과 차별 때문에 한국에서 일자리를 구할 수 없었다. 그러나 이제는 대법원장과 격이 같은 헌법재판소 소장에 소아마비 장애인을 임명할 정도로 많이 변하고 발전했다.

등을 이유로 들었다. 이와 같이 나는 장애에 대한 사회의 편견과 차별을 극복했을 뿐만 아니라, 그것을 토대로 한국의 장애인 복지 발전을 구체화하여 심사위원 전원을 감동시킬 수 있었다.

그 후 7년 동안 캐나다, 이태리 같은 선진국들이 이 상을 수상했다. 하지만 심사위원회가 초반부터 만장일치로 일치한 나라는 대한민국뿐이었다. 그뿐만 아니었다. UN 제3위원회사회 발전과 인권, 문화, 교육, 보건가 당시 김영삼 대통령의 수상 연설을 공식 문서로 채택, 전 세계 UN 회원국 정상들에게 배포했는데 그것 역시 처음이자 마지막이었다.

에드워드 케네디 상원의원은 상하 합동회의에서 대한민국은 전쟁으로 초토화되었던 나라에서 경제 기적을 이루었을 뿐만 아니라, 아직도 갈 길이 멀기는 하지만 장애인 복지에서도 획기적인 발전을 가져오고 있다고 연설하여 그 기록이 의회에 영원히 남아 있다. 또한 케네디 의원은 루스벨트 국제 장애인상 수상을 계기로 제정된 "올해의 장애 극복상"도 언급했다. 매년 장애를 극복하고 승리한 모범적인 장애인들을 여러 분야에서 선정하여 상금과 대통령 메달로 격려하고 귀감으로 삼은 것은 다른 나라들 특히 개발도상국 국가들에게 좋은 모델이 될 것이라고 찬사를 아끼지 않았다.

이처럼 차별은 극복될 수 있을 뿐 아니라 유익이 되고 축복이 될 수도 있다. 편견과 차별을 두려워 말라. 도전해서 극복하고 유익으로 삼으라.

헌신의 자세를 기르면 교육에서 성공하고 인생에서도 성공한다

한 생명이 세상에 태어나는 순간 인생 역정은 시작되어 종착역인 무덤에 이르러서야 끝을 맺는다. 그 인생 역정 가운데 헌신의 자세를 배우고 자녀들에게 교육할 기회가 여러 번 있다. 그런

❋ 올해의 장애 극복상

이 상은 우리나라가 제1회 루스벨트국제장애인상을 수상한 것을 계기로 루스벨트국제장애인상 상금이 모든 장애인들에게 뜻있게 활용되도록 하기 위해 제정했다. 우리나라에서는 장애인 단체장, 장애인계 신문대표 등 18명으로 구성된 "올해의 장애극복상위원회"에서 주관하고 있다. 15개 시도와 14개 장애인 단체에 수상후보 추천을 의뢰하며, 7명으로 구성된 심사위원회는 회의를 개최하여 심사 기준, 방향 등을 설정한다. 그러고 나서 수상대상자 12명을 1차로 선정하여 현지실사를 거쳐 최종적으로 수상자 10명을 선정하고, "올해의 장애극복상위원회"에서 이를 확정하여 최종적으로 발표한다.

기회를 포착하라.

나는 인생 역정 가운데 원점으로 되돌아가 다시 시작해야 했던 때가 있었다. 또래들이 대학에 진학할 때 서울맹학교 중등부 1학년에 입학해서 점자로 ABC부터 다시 배워야 했던 것이다. 그런데 그렇게 배운 영어를 가지고도 14년 후 미국에서 박사학위를 받아 한인 최초 박사가 되었다. 즉, 앞을 못 보는 맹인도 원점으로 돌아가 박사가 되는 데 14년이 걸렸는데, 같은 코스를 택한다면 정안인들은 훨씬 기간을 단축할 수 있음이 자명하다. 명심하자. 때가 늦었다고 탄식할 때가 바로 원점으로 돌아가 다시 시작할 때이다.

그 14년 동안 나는 많은 사람들에게 사랑의 빚을 졌는데, 특히 국제 로터리에 가장 큰 사랑의 빚을 졌다. 맹학교 시절 5년과 연세대 재학 4년 동안 친부모처럼 보살펴 주시고 도와주셨던 양아버지가 바로 로터리안이었다. 또한 도미 유학 기간 4년 중 절반인 2년을 국제 로터리 재단 장학금으로 공부도 하고 생활도 했다. 이러다 보니 내가 사랑의 빚을 갚기 위해 로터리안이 되어 사회봉사를 시작한 것은 당연한 귀결인지도 모른다.

1982년은 마침 아내 이름 "석은옥" 석자에 담았던 옥의 시대가 시작되는 해였다. 나는 생각을 행동에 옮기기 위해 로터리 클럽에 가입했다.

로터리 클럽의 모토는 "초아의 봉사 정신"이다. 즉, 자신을 넘어 다른 사람들에게 사랑을 주고 헌신적으로 섬긴다는 뜻이다. 초아의 봉사가 모토로 채택되기 전에는 오랫동안 "봉사로 가장 큰 유익을 보는 자가 가장 봉사를 잘한다."였다. 사실 나도 내가 가진 지식과 재능을 다른 사람들에게 주고 섬기기 위해 로터리안이 되었다. 그러나 그동안 내가 준 것이 얼마나 되는지는 모르겠다. 그에 비해 받은 것들은 헤아릴 수 없이 많다.

무엇보다도 나는 자신을 넘어 다른 사람들을 위해 사랑과 봉사를 실천하는 헌신의 자세를 배울 수 있었다. 그리고 나의 헌신적 자세를 추천하고 대변해 줄 수 있는 친구들 또한 얻었다. 그뿐만이 아니다. 나는 자타가 공인하는 세계적 명사가 되었다. 『미국명사인명사전』, 『세계명사인명사전』에도 수록되어 있다. 하지만 그것은 나의 입지전적 스토리가 로터리안으로서의 봉사 활동을 통해 알려짐으로 얻어진 유익 중 하나일 뿐이다.

적극적 신앙의 원조로 널리 알려진 노만 빈센트 필 박사도 수십 년간 로터리안이었다. 『로터리안』지에 실린 기사를 통해 나를 알게 된 박사는, 나를 초청하여 간증도 하게 했고, 자신이 발행하던 『가이드 포스트』지에 인터뷰 기사도 실었다. 세계적인 텔레비전 부흥강사 로버트 슐러 박사도 40년 동안 로터리 클럽 회원이었다. 슐러 박사 역시 내 기사를 보고 수정교회 "능력의 시간"에 초청하여 나의 간증이 텔레비전을 통해 세계적으로 알려지게 되었다.

헌신의 자세도 학습되는 것이다. 기질은 타고나지만 헌신의 자세는 태도의 일종으로 가르치고 배우는 것이다. 그리고 지도자에게 없어서는 안 되는 덕목이기도 하다. 나는 헌신적 태도를 다른 로터리안들에게서 많이 배웠다. 그 결과 1992년에는 국제 로터리 재단 창립 75주년을 기념하기 위해 상징적으로 선정한 75명의 봉사의 촛불 가운데 한 명이 되기도 했다. 그 후에 받은 상들도 눈먼 봉사가 눈 뜬 사람들을 위해 헌신적으로 봉사했다고 받은 것이 대부분이다. 원래 나는 이기적인 성향이 다분히 있는 사람인데, 로터리안들에게 헌신의 자세를 배워 생각을 바꾸고 행동으로 실천할 수 있었다.

2005년은 로터리 클럽이 시카고에서 창립된 지 백주년을 맞이하게 된다. 그 백년사에도 나의 이름이 나온다. 감사하게도 헌신의 자세로 섬기는 리더십을 길러 승리의 삶을 산 표본 중 하나로 소개되는 것이다. "……강영우 박사를 보고 배우라. 그는 실명의 장애에도 불구하고 초아의 봉사를 함으로 리더십을 길러 연방정부 최고 공직자가 되었다. 강 박사로부터 헌신의 자세를 배우고 리더십을 개발하는 방법을 배우라."

사실 자신을 헌신적이라고 표현하기는 좀 곤란하다. 설령 표현한다 하더라도 신뢰도에 문제가 있다. 그러므로 다른 사람들이 추천하고 대변해 주는 것이 바람직하다. 나에게도 그런 사람들이 필요할 때가 있었다. 연방정부 공직자로 대통령의 임명을 받을 때였다. 2001년 당시 프랭크 데블린 국제 로터리 총회장이 바로 그 역할을 해주었다.

"……강 박사는 우리 로터리 세계의 전설적인 인물입니다. 육신의 빛은 잃었어도 비전의 사람으로 헌신적인 봉사의 모범을 보이므로 감동을 줍니다."

이보다 강한 표현으로 헌신적 자세를 대변해 주는 추천을 받기는 쉽지 않을 것이다. 헌신적 자세를 배우라. 그러면 자신을 변화시키고 교육하는 데 성공할 것이다. 교육에서 성공하면 인생에서도 성공할 수 있다.

아름다운 세상을 만드는 꿈을 품으라

과연 어떤 세상이 아름다운 세상일까? 성경에서는 죄와 사탄과 죽음으로 가득한 세상은 악한 세상으로, 하나님의 나라는 아름다운 세상으로 되어 있다. 또한 주기도문에서는 하나님의 이름이 거룩하게 되는 세상, 하나님 나라가 임하는 세상, 하나님의 뜻이 이루어지는 아름다운 세상을 그리고 있다.

아름다운 세상에 대한 생각과 꿈은 각자 다르다. 그것은 문제가 되지 않는다. 어떤 이들은 편견과 차별이 없는 사회를 아름다운 세상으로 꿈꾸고, 어떤 이들은 평등의 기회와 자유가 보장되는 사회를 아름다운 세상으로 꿈꾸며, 어떤 이들은 전쟁이 없는 평화로운 세상, 또는 사랑과 정의가 구현되는 세상을 아름다운 세상으로 꿈꾼다.

그런데 성경에 나오는 하나님 나라는, 우리 각자가 품고 있는 아름다운 세상에 대한 생각과 꿈을 모두 포함하는 완전한 나라이다. 하나님의 나라를 이 땅에 건설하는 아름다운 꿈을 가지라. 그리고 먹든지 마시든지 무엇을 하든지 그 아름다운 꿈을 이루기 위해 하는 것으로 생각해 보라. 힘이 솟아오르고 무슨 일을 하든지 보람과 행복을 느끼게 될 것이다. 자녀들 역시 아름다운 세상을 만드는 데 일조하겠다는 의지와 꿈을 품고 성장하도록 인도하라. 그것은 타고난 능력과 재능을 최대로 개발하는 가장 좋은 성취 동기가 될 것이다.

새로운 시각을 심어 주라

나도 진석이와 진영이가 어릴 때 나의 실명이 부정적인 영향을 미칠까 우려했었다. 왜냐하면 부모의 장애, 특히 눈에 보이는 장애는 자녀들에게 부정적인 태도를 형성하는 것이 보통이기 때문이다. 그러나 그러한 부정적인 태도는 보고 듣고 학습되는 것이기 때문에 올바른 교육으로 예방할 수도 있고 교정할 수도 있다.

진석이가 세살 반 때 일이다. 그날은 진석이가 식사기도를 할 순서였다. 그런데 이런 기도를 하는 것이었다.

"아버지가 눈을 떠서 야구도 하고, 운전도 하고, 세발자전거 타는 것도 가르쳐 줄 수 있게 해주세요."

다시 말하면, 아버지는 앞 못 보는 맹인이기 때문에 야구도 못하고 운전도 못하고 자전거 타는 것도 가르쳐 줄 수 없다는 것이다. 이는 정확한 관찰에 의해 학습된 것이었다. 눈으로 보기에 부정할 수 없는 사실이었기 때문이다.

이 기도에 근거하면, 진석이는 "맹인은 능력 장애를 가지고 있다."는 부정적인 태도를 이미 가지고 있는 셈이었다. 그것을 바로잡아 주지 못하면 성장하면서 맹인 아버지를 무시하고 거부하며 피하려 할 것이 뻔했다.

당시 진석이에게 "아빠도 다 할 수 있어!"라고 했다면 그것은 거짓을 가르치는 것이었다. 운전을 하고, 야구공을 던져 주고, 자전거 타는 것을 가르쳐 주는 것은 늘 엄마인데 그런 말을 하는 것은 오히려 사태를 악화시켰을 것이다. 나는 무엇보다 아들의 보는 관점을 바꾸어 주기로 했다.

"야구, 운전, 자전거 타기를 가르쳐 주는 것은 눈뜬 엄마가 더 잘하지만, 눈먼 아빠가 더 잘하는 다른 것들이 있단다."

그랬더니 진석이는 호기심 가득한 얼굴로 "그게 뭐야?"라고 물었다. 절호의 기회였다.

"네가 잠들기 전에 아빠는 불을 *끄고도* 성경이야기나 동화책을 읽어줄 수 있지만, 엄마는 불을 *끄면* 책을 못 읽어 주잖니."

그런 관점에서 보지 못했던 것뿐이지, 그것은 매일 저녁 반복되는 사실이었다. 그 말 한마디로 진석이는 아빠의 실명을 새로운 시각, 긍정적인 시각으로 보게 되었다.

꿈을 심어 주라

또한 그때 진석이는 기도 가운데 "사랑하는 주님, 눈뜬 아빠를 가지고 싶어요."라는 소원을 표현했다. 그러한 소원을 아름다운 세상을 만드는 꿈으로 연결시켜 줄 필요가 있다.

특히 만 4세에서 11세까지는 소원을 통해 미래에 하고 싶은 일을 표현한다. 그러므로 그 시기에 무엇을 하고 싶다고 하면, 그 무엇을 이루었을 때 아름다운 세상을 만드는 데 어떤 기여를 하게 되는지 교육할 필요가 있다. 예를 들어 선생님이 되고 싶다고 하면 "네가 선생님이 되어 많은 학생들을 잘 가르치면, 훌륭한 사람들이 많아져 더 좋은 세상이 될 거야."라고 말해 주는 것이다.

이 시기에 자녀의 직업 선택은 단지 하나의 소원일 뿐, 흥미,

능력, 적성, 가치관 등 다른 변수들이 고려된 것이 아니다. 때문에 장차 그대로 되는 것이 아니다. 그러니 부정적인 논평은 금물이다. 아이의 소원과 욕망을 꺾지 말고, 아름다운 세상을 만드는 꿈을 품게 하는 도구로 삼아야 한다.

나는 진석이가 눈뜬 아빠를 갖고 싶다고 소원했을 때, 안과의사가 되어 만들 수 있는 아름다운 세상을 보여 주는 교육의 기회로 삼았다.

"아빠가 눈을 다쳐 차츰 시력을 잃어가고 있을 때, 의사들은 고쳐 보려고 무척 애를 썼단다. 그것 때문에 2년 동안이나 병원에 입원해 있었지. 하지만 결국 볼 수 없게 되고 말았단다. 현대의학으로는 고칠 수 없다고 하더구나. 그런데 네가 커서 의사가 될 쯤에는, 의학이 더 발달되어 아빠 눈을 고칠 수 있을지도 몰라."

그랬더니 열심히 듣고 있던 진석이가 "아빠, 그럼 내가 커서 안과의사가 되어서 고쳐 줄게요. 그때까지만 기다리세요."라고 하는 것이었다. 그때부터 진석이는 안과의사가 되어서 아빠의 눈을 고쳐 주고 아빠와 같이 앞 못 보는 시각 장애인들을 고쳐 줌으로써 만들어지는 아름다운 세상을 보기 시작했다.

무엇이 되느냐를 인생의 종착역으로 생각해서는 안 된다. 그보다 더 중요한 것은 무엇이 되어서 어떻게 살 것이냐 하는 것이다. 장차 무엇이 되어서 아름다운 하나님 나라를 건설하는 데 이

바지한다는 생각을 가지고 공부를 하면 얼마나 강력한 성취 동기가 되는지 모른다!

세월이 흘러 안과의사가 되겠다는 진석이의 꿈은 이루어졌다. 그러나 나는 여전히 맹인이다. 그렇다고 진석이가 허탈해 하지는 않는다. 비록 아버지의 실명은 고칠 수 없지만, 아버지를 생각하면서 많은 환자들의 눈을 고쳐 주어 어렸을 때부터 꿈꾸었던 아름다운 세상을 만드는 데 일조하고 있다고 믿고 있기 때문이다.

진석이가 고교를 졸업할 때 1−2년 정도 빨리 의사가 될 수 있는 기회가 있었다. 토머스 제퍼슨 의대 6년제와 노스웨스턴 의대 7년제에 합격했기 때문이다. 무엇이 되는 것만을 중요시했다면 지름길을 선택했을 것이다. 그러나 무엇이 되어서 어떻게 살 것인가를 생각했기에, 하버드대에서 4년을 공부하고 의학전문대학원에서 4년을 더 공부해야 하는 8년 과정을 택했다. 뿐만 아니라 대학원을 가기 전 1년 동안 모교인 필립스 엑서터 아카데미에서 입학 카운슬러로 근무하기도 했다. 의사가 되는 것이 직업 선택의 다른 변수인 흥미, 적성, 능력, 가치관, 현실적 전망, 자아 개념에 비추어 최선의 선택인지 신중에 신중을 기했던 것이다.

꿈을 이루기 위한 선택

진석이와 진영이는 각각 만 16세, 만 14세 때 집을 떠나 기숙사로 들어갔다. 어떻게 그렇게 일찍 자식들을 떠나보낼 수 있었느냐고 묻는 이들이 많다.

우선, 아들들이 그 길을 선택했다. 나는 아이들이 어렸을 때부터 필립스 아카데미 이야기를 가끔 해주었다. 그러던 어느 날, 고교생이던 진석이가 잡지 기사를 보고 필립스 아카데미에 원서를 내고 싶다고 했다. 당시 운전면허를 받은 때라 중고차라도 살 생각이었는데 그 돈으로 그 학교에 보내 달라는 것이었다. 사실, 중고차 살 돈으로 그 학교 학비가 충당되는 것은 아니지만 아들의 헌신도를 측정하기에는 충분했다. 막 운전면허를 받았을 때는 차를 몰고 싶은 마음이 강렬하기 마련인데 그것을 기꺼이 희생하겠다고 했기 때문이다.

자녀, 특히 십대 자녀와 대화할 때는 세 가지 귀를 가지고 들어야 한다는 말이 있다. 곧 말 그대로 듣는 귀, 그 말에 내포된 의미를 듣는 귀, 그 말을 하면서도 차마 표현하지 못하는 숨겨 있는 의미를 듣는 귀를 가지고 들어야 한다는 말이다.

진영이도 진석이와 마찬가지였다. 스스로가 형과 다른 필립스 앤도버 아카데미를 선택했다.

둘째, 우리 부부는 교육자로서 인격과 헌신적 자세를 기르는 가정 교육은 만 12세가 넘어가면 별로 성과가 없다는 사실을 잘 알고 있었다. "아카데미"는 고등학교에 해당하는 대학준비학교에 붙여진 이름이다. 다시 말해서 "대학에 진학하여 학자가 되기 위한 준비학교"라는 뜻이 담겨 있다. 그 아카데미에 가면 실력 양성은 물론, 가정에서 하기 어려운 인격 교육과 태도 교육도 더 잘할 것이라는 확신이 있었다. 특히 필립스 아카데미 양교의 건학 이념인 "'나 자신을 위해서가 아닌' 하나님의 영광과 지역사회와 국가와 세계를 위하여"라는 철학을 사랑하여 오랫동안 저축하며 준비해 왔던 터라 우리는 쉽게 결단을 내릴 수 있었다.

진석이와 진영이가 필립스 아카데미를 나왔기 때문에 독자들 중에 자녀를 위한 추천서를 부탁하는 경우가 더러 있다. 하지만 그 학생의 기본 능력과 성취도에 관해서는 직접 가르친 교사가 추천하는 것이 좋다. 인격과 헌신적 자세를 추천하는 것은 사회 지도층 인사들이 할 수도 있지만, 개인적으로 잘 알지 못하면 신뢰할 수 있는 추천을 할 수 없다. 그러므로 추천서를 부탁할 때는 추천 대상을 오랫동안 잘 알고 인격과 헌신의 분야에서 강점과 약점을 구체적으로 정리해서 쓸 수 있는 사람을 선택하는 것이 좋겠다.

진석이가 추천해서 필립스 엑서터 아카데미에 입학한 학생 중에 구교준이 있다. 교준이는 바로 44년 전 나의 치료를 담당하였고 맹인으로서 재활할 수 있도록 이끌어 주신 구본술 박사님의 손자이다. 그러니까 의사와 환자로 맺어진 인연이 거의 반세기에 가깝게 지속되면서 삼대로 이어졌다는 말이다. 그렇게 오랫동안 인연이 이어질 수 있었던 것은, 시각장애인들과 정안인들이 완전히 통합되어 함께 사는 아름다운 세상을 만들겠다는 공통된 꿈을 가졌기 때문이다.

구 박사님은 크게 절망하는 나에게, 일본의 시각장애 재활분야 선구자 이와하시 다케오처럼 되라고 격려해 주셨을 뿐만 아니라, 나의 아내를 미국에서 공부할 수 있도록 추천하여 시각장애 재활 전문인으로 기르시기도 했다. 또한 내가 연세대 재학시에는 중대 부속 성심병원에 점자도서관을 만들어 나를 포함한 시각장애 학생들을 돕기도 했다.

이처럼 사랑의 교제가 지속되는 동안, 박사님 생신과 같은 기쁜 날 등에는 집으로 초대해 주시기도 했다. 지금도 한 가족처럼 환대해 주신 사모님의 따뜻한 사랑을 아름다운 추억으로 간직하고 있다. 뿐만 아니라 자연스럽게 박사님의 세 아들과 막내딸과도 친형제처럼 지내게 되었다. 교수, 의사, 대기업 중역이 되어 행복한 가정을 꾸미고 사는 오늘에 이르기까지 인간의 순수한 정과 사랑을 나누고 있다.

특히 둘째 아들은 우리 집에서 가까운 퍼듀대에서 박사학위를 받았다. 그러다 보니 미국에 와서 제일 먼저 들른 곳이 우리 집이었고, 그때부터 어린 진석이, 진영이와 자주 놀아 주었다. 아이들은 자연스레 윤모 아저씨라 부르며 잘 따랐다. 그가 유학 시절 결혼해서 낳은 아들이 바로 교준이다. 즉 우리 가족은 교준이가 태어날 때부터 지켜본 것이다. 그래서 진석이는 교준이의 인격, 태도, 가치관에 대해 강력한 추천을 할 수 있었다.

꿈을 현실로

미국 제35대 케네디 대통령을 보라. 그는 지능지수 116으로 중상 정도의 능력을 지녔을 뿐이다. 설상가상으로 어릴 때부터 불치병을 가지고 있었다. 최근 보도에 의하면 매일 100밀리그램의 스테로이드를 투약해야 생존이 가능했다고 한다. 그래서 대통령 재임 시에도 어디를 가든지 스테로이드와 긴급 통신장비를 늘 가지고 다녔다고 한다. 그러므로 비록 저격당해 일찍 세상을 떠났지만, 본인도 40대를 넘기지 못할 거라고 늘 생각했었다고 한다.

그럼에도 불구하고 케네디 대통령은 현대인의 영웅 중 하나로 굳건히 자리잡고 있다. 무엇 때문일까? 바로 케네디 자신이 비전의 사람이었을 뿐만 아니라, 국민들 특히 젊은이들에게 아름다운 세상을 만드는 꿈을 심어 주었기 때문이다.

그는 "국가가 당신을 위해서 무엇을 할 수 있는지 묻지 말고, 당신이 국가를 위해 무엇을 할 수 있는지 물으십시오!"라고 함으로 각자가 타고난 능력과 재능을 통해 만들어 갈 수 있는 아름다운 세상을 비전으로 보게 했다.

또한 "당신이 세계 평화를 위해 무엇을 할 수 있는지 물으십시오!"라고 하여 개인의 재능과 전문지식으로 세계 평화 건설에 일조하는 아름다운 세상을 보게 했다. 게다가 구소련이 인류 최초로 인공위성 스푸트니크 1호를 띄워 미국인들이 기죽어 있었는데, 10년 후에는 달나라에 인간을 착륙시키겠다는 야심찬 계획을 발표하여 국민의 가슴에 희망과 용기를 불어넣어 주었다.

이와 같이 케네디 대통령은 중상 정도의 지능지수와 불치의 지병을 가지고도 위대한 영웅이 되었다. 이는 자신이 먼저 선명

🌐 스푸트니크 1호 Sputnik I

러시아어로 '동반자'라는 뜻. 1957년 10월 4일 발사되어, 이듬해 1월 4일 소멸하였다. 금속구(金屬球)에 4개의 안테나가 달린 모양이었으며, 내부에는 측정기와 2대의 송신기 등을 장비하고 있었다. 1957년 11월 3일에는 스푸트니크 2호가 발사되어 이듬해 1월 14일 소멸되었는데, 개 한 마리와 우주선 자외선 측정장치를 적재하였다. 스푸트니크 3호는 1958년 5월 15일 발사되어 1960년 4월 6일 소멸되었는데, 무게가 1,327kg으로 처음으로 1톤을 초과하였다. 대기조성 자기장(磁氣場) 태양복사를 측정하는 기기 등 968kg을 적재하였다.

한 비전으로 아름다운 세상을 바라보고, 사람들로 하여금 비전의 사람이 될 수 있게 만드는 힘이 있었기 때문이다.

또한 영국의 토니 블레어 수상도 아름다운 세상을 꿈꾼다. 그가 추구하는 아름다운 세상은 공의와 관용과 친절이 지배하는 나라이다. 이 세 가지 가치는 옥스퍼드대에서 수학할 때 호주 선교사의 전도로 기독교인이 된 후 배운 것이라고 한다.

그런데 블레어 수상은 자신을 수상으로 만들어 준 노동당의 지지를 받지 못하고 있다. 이는 부시 대통령과 동맹하여 이라크 전쟁을 일으킨 것 때문이라고 한다. 두 사람은 진보당인 노동당, 보수당인 공화당으로 속한 당의 성격은 다르지만, 기독교인의 시각으로 같은 아름다운 세상을 보기 때문에 동맹을 맺을 수 있었다는 언론의 분석이 재미있다.

먼저 하나님의 질서와 법으로 통치되는 아름다운 세상을 보라. 그리고 자녀들 역시 그들 자신의 선명한 비전으로 그러한 아름다운 세상을 볼 수 있도록 교육하라.

리더십, 헌신으로 길러진다

2003년 8월 뜻밖에 부시 대통령에게 반가운 편지를 받았다.

"……당신의 헌신과 열심에 뜨겁게 감사드립니다. 그렇게 함으로 우리는 장애인들에게 가로놓인 장벽을 줄이고, 마침내 미국이 모든 사람들의 재능과 능력의 혜택을 받을 수 있습니다……."

나는 특히 기억에 남는 대목을 교육적 관점에서 분석해 봤다.

첫째, 헌신과 열심에 감사한다는 말이다. 이는 3C_{실력, 인격, 헌신} 중 세 번째 C인 헌신의 태도와 열심히 일하는 것을 한데 묶어 사의를 표한 것이다. 헌신이 있으면 당연하게 열심히 일한다. 부시 행정부 고위 공직자를 뽑는 세 가지 선별 기준 중 세 번째인 최고의 전문성과 헌신적 태도를 동일하게 간주하는 것은 바로 이 때문이다. 각자가 맡은 분야에 헌신하여 열심히 일하면 최고의 전문적 성실성을 획득할 수 있다는 것이다.

둘째, 내가 5천 4백만 미국 장애인들의 인권과 복지를 위해 국가장애위원회 위원으로 헌신하여 열심히 일하는 것은, 장애인들 앞에 놓인 여러 장벽을 제거하는 목적을 달성한다는 것이다.

셋째, 그렇게 각자가 자신이 맡은 분야에서 소기의 중간 목적 또는 과정 목적을 달성하면, 장애인들이든 비장애인들이든 모든 사람들의 재능과 능력의 혜택을 받을 수 있는 하나님의 뜻이 이루어지는 아름다운 세상이 되는 것이다. 그러한 세상은 토니 블레어 영국 수상이 추구하는 공의와 관용과 친절이 이루어지는 세상이며, 부시 행정부가 추구하는 자유와 평등과 사랑과 정의가 존재하는 세상이다.

영국의 한 철인은 "한 사람이 다른 한 사람만 변화시키기로 헌신하고 실천한다면 온 세계가 개선될 수 있을 것"이라고 했다. 또한 정신과 의사인 베이야드 테일러 박사는 "병든 세상의 치유는 무명의 성인들에 의해 이루어진다. 밤하늘의 수많은 별들도 하나씩 보면 아무것도 아닌 것 같지만, 헤아릴 수 없이 많은 별들이 한꺼번에 비추면 캄캄한 밤하늘을 찬란하게 비추어 온 천지를 아름답게 하는 것이다."라고 하기도 했다.

당신의 헌신과 재능을 떼어놓고 생각하면 작은 것으로 생각될 것이다. 생각이 거기에 멈추면 인생에서 성공할 확률은 참으로 낮다. 그러니 온 힘을 다해 타고난 재능을 개발하고 선택한 분야에서 최고의 전문성을 쟁취하는 중간 목적을 달성한 후 역사의 주류 물결에 합류하라.

산골짜기에서 졸졸 흐르는 조그만 물줄기를 생각해 보라. 그 작은 물줄기가 시내를 이루고 다시 강을 이루어 결국 힘차게 바다로 들어간다. 그러나 그 조그만 물줄기가 힘이 약해 시냇물로 들어가지 못하거나 시냇물과 다른 방향으로 흘러간다면 머잖아 말라버리고 만다.

약 10년 전에 하버드대에서 있었던 일이다. 한인 학생들의

SAT(I, II), 고교 내신이 모두 뛰어나 많은 학생들이 입학했다. 그런데 그 해에 9명이 낙제를 한 것이다. 아시아계 학생 10명이 낙제했는데 그중 9명이 한인이니 대학 당국에 비상이 걸리지 않을 수 없었다.

하버드대에서는 낙제를 하면 1년 동안 정학 처분을 한다. 정학 기간 중에는 대학 근처에서 거주할 수도 없고 집으로 갈 수도 없다. 제3지역에서 지속적인 상담을 받으며 근신해야 대학으로 다시 돌아와 계속 수업을 받을 수 있다. 그리하여 낙제생을 대상으로 상담 자료를 분석해 보니, 두뇌도 명석하고 성적도 우수한데 초일류대학이 인생의 목적일 뿐 그 이상의 장기적이고 궁극적인 목적이 없었다는 것이 문제였다.

주류 사회, 한 걸음 더 나아가 인류가 공통적으로 추구하는 아름다운 세상이 있고 흐름이 있고 가치가 있다. 그러한 시대적 주류 물결에 합류하라. 그렇지 못하면 적어도 역사적 주류 물결에 역행하지는 말아야 한다.

1989년 베를린장벽이 무너졌다. 그와 동시에 사회주의는 죽었다. 동구라파가 붕괴되었고 소비에트연방이 무너졌다. 중국을 보라. 지금 어떤 변화가 일어나고 있는가? 미국이 중국을 두려워하는 것은 사회주의 이념 때문이 아니라는 것은 삼척동자도 다 알고 있다. 그런데 한국에서는, 일부 신세대 젊은이들이 민족이라는 이름 아래 친북 반미 운동을 하고 좌경화 성향을 띠고 있다고 한다. 정말 그렇다면 그것은 역사적 주류 물결에 역행하는 것이다. 불량 국가들에게 무기를 수출해서 세계 평화를 위협하는 나라가 북한 말고 몇 나라나 되는가? 또한 자유선거를 통하지 않고 권력을 세습한 나라가 북한 말고 어디에 있는가?

그 동안 한국 교육은 실패했다. 무엇보다도 두 번째, 세 번째 C인 인격과 헌신을 갖춘 지도자 양성에 실패했다. 그런데 이 두 가지 교육은 학교 교육보다 가정과 교회와 지역사회에서 주로 이루어지기 때문에 무엇보다도 가정 교육과 교회 교육이 실패한 것이라 하겠다.

한국에는 교회가 5만 개가 넘고 성도가 1,200만에 이른다고 한다. 그 정도면 성경적 가치를 토대로 분열된 한국 사회를 통합하고 역사의 주류 물결의 흐름을 충분히 바로잡을 수 있다. 하지만 그렇게 하지 못하는 것은, 한국 교회가 복음 전파와 선교, 성령운동 등에는 성공했지만 교육에서 실패했기 때문인 것으로 보인다. 각 가정과 교회에서 성경적 가치관 교육을 올바로 하여 헌신된 지도자들이 대량 배출되어야 한다. 교육에 관한 한 원점으로 돌아가, 기본 기독교 가치관으로 무장된 헌신적인 지도자들을 배출해야 한다. 따라서 한국 교회의 교육적 사명이 그 어느 때보다도 절실하다고 생각된다.

섬기는 리더십

지도자, 즉 리더는 글자 그대로 "인도하는 사람"이다. 앞에서 인도하는 사람이 잘못 인도하면 뒤에서 따라가는 사람들이 모두 잘못될 것은 당연하다. 가정에서 시작해 지역사회와 한 나라와 세계에 이르기까지 마찬가지다. 이처럼 중요한 역할을 하는 리더십은 바로 헌신적 봉사로 길러진다.

리더십은 크게 "다스리는 리더십"과 "섬기는 리더십"으로 분류되기도 한다. 전자는 권위적인 사회에서 볼 수 있는 유형이고, 후자는 성경적 가치관의 영향을 많이 받은 미국과 유럽 자유 민주주의 국가에서 볼 수 있는 유형이다.

성경 특히 신약에서는 사랑의 실천을 강조한다. 또한 예수님도 이 세상에 섬김을 받으러 온 것이 아니라 섬기러 왔다고 하셨다. 현 미국 인구 40% 정도가 복음주의 기독교인들이라고 한다. 또한 소그룹으로 시간을 정해 놓고 성경공부를 하는 사람들이 전체 인구의 14%에 달할 뿐 아니라 점점 늘어가는 추세라는 보도가 있다. 매주 교회에 출석하지 않고 전통적인 복음주의 신앙을 가지고 있지 않아도 하나님의 존재를 믿고 기도하는 미국인은 인구의 90%가 넘는다고 한다. 그러니 의도적 또는 비의도적 교육을 통한 개인의 사고와 문화에 대한 성경적 가치관의 영향은 가히 짐작할 만하다.

사랑과 섬김에 대한 성경의 가르침을 묵상하고 생각하면 그것이 언행으로 나타나고, 그러한 언행이 반복되면 습관이 형성된다. 그러다 보니 절대 다수가 성경적 가치관의 렌즈를 통해 리더의 자질을 평가할 뿐 아니라, 그 이끌어 가는 방향과 목적에 공감도 하고 평가도 하는 경우가 많다. 때문에 성경이 그 사회 문화 속에 터전을 이루고 있는 곳에서 다스리는 리더십은 발붙이기 어렵고 섬기는 리더십이 발전하게 되는 것이다.

연방 상원법사위원회 법률고문으로 근무하는 둘째 아들 진영이는 굵직굵직한 지도자상을 여러 차례 수상했다. 대학 시절에는 "차세대 지도자상"Tomorrow's Leader Today을 수상했다. 세계평화봉사단을 조직한 케네디 대통령을 본받아 클린턴 대통령이 자국내 국민들을 위한 전국봉사단을 조직했는데, 매년 전국봉사단에서 30세 미만 청년들 중에 차세대 지도자들을 선정하여 주는 대통령상이다.

대학을 졸업할 때는 시카고대학교 동문회가 수여하는 최고로 영예로운 상인 "하웰 머레이상"을 수상했다. 이는 재학 중의 활발한 활동 덕분이었다. 진영이는 대학지역사회봉사센터를 창립하여 대학생 자원봉사자들과 그들의 봉사를 필요로 하는 100개가 넘는 지역사회 봉사기관을 연결해 주는 서비스를 개발했다. 또한 그로 인해 재학생들에게 헌신적 봉사정신과 섬기는 리더십을 인정받아 학생대표 시카고대학교 재단이사로 선출되어 활동하기도 했다.

그런데 진영이는 그러한 헌신의 자세와 봉사정신을 가정, 특히 어머니에게 배웠다고 주저 없이 이야기한다. 여름방학 동안 어머니가 지도하는 시각장애 학생들을 가르치고 도와주면서 그 생각은 더욱 강해졌다. 그 학생들 중에는 시각 장애 말고도 빈민촌의 결손가정에서 온갖 역경에 시달리는 흑인 학생들도 있었다. 그런데 그들에 대해 아무런 편견 없이 긍휼히 여기는 마음을 가지고 열정으로 지도하는 어머니의 모습을 보고 배운 바가 많았다고 한다. 곧 남의 아픔에 동참하고 고통을 함께 나누는 마음을 배웠을 뿐만 아니라 더 좋은 세상을 만드는 비전의 사람이 되게 한 밑거름이 되었다는 것이다.

진영이는 지금 워싱턴 대통령과 링컨 대통령 기념관이 내려다보이는 국회의사당 6층 사무실에서 일한다. 매일 국가와 의회를 위해 봉사하는 기쁨과 보람이 매우 크다고 한다. 그런데 이 모든 것이 아버지와 어머니 그리고 형에게서 배우고 터득한 소중한 가치들 때문이라 생각하기에 가족들에게 감사하고 있다. 특히 어머니에게서는 박애와 봉사정신을, 아버지에게서는 사명감, 자신감과 끈기를, 형에게서는 불확실한 미래에 도전하는 모험심과 용기를 배웠다고 한다. 그리고 이제는 아내 엘리자베스가 곁에서 보다 나은 사람이 되라고 도전도 주고 격려도 해서 제자리에 안주하지 않고 계속 배우고 있다고 한다.

태도 교육에 성공하면 교육 전체에서 성공한다. 그리고 교육에 성공하면 시대적 사명을 다하는 지도자도 되고 나아가 인생 전체에서도 성공할 수 있다. 특히 헌신적 자세를 기르는 가치 교육에 성공하면 섬기는 리더십은 동시에 개발된다.

인맥에 대한 새로운 시각을 가지라

한국 속담에 "중이 제 머리 못 깎는다."는 말이 있다. 그러나 더러는 자신의 머리를 직접 깎는 사람들도 있다. 우리 큰아들 진석이도 제 머리를 곧잘 깎는다. 돈과 시간을 절약하는 의미에서 아이들이 어릴 때 아내가 삼부자의 이발을 직접 해주었는데, 그것을 보고 자란 진석이가 자신도 해보겠다고 나선 것이다.

처음에는 동생 진영이부터 깎아 주기 시작했는데 아주 잘하기에 내 머리도 맡기게 되었다. 그리고 집을 떠나 기숙사 생활을 하면서부터는 자신의 머리까지 직접 깎기 시작했다. 그런데 이발을 하고 수업시간에 들어갔더니 친구들이 "어디서 그렇게 머리를 잘 깎느냐, 그 이발소가 어디인지 가르쳐 달라"고 했다는 것이다. 하버드 재학시에는 이발 기술로 용돈을 벌어 쓰기도 했다. 무면허 이발사이기는 하지만 진석이는 지금도 자신의 머리를 직접 깎으며, 진영이 역시 형이 머리를 깎아 주는 것을 무척 좋아한다. 그러니까 가정에서 가치 교육뿐 아니라 기능 교육도 이루어진 셈이다.

진석이는 대학교 3학년 때 미생물학 강좌를 수강했었다. 어느 날, 아주 작은 물고기를 해부하는 시간이 있었는데 제대로 하는 학생이 하나도 없었다. 그런데 진석이만 성공한 것이다. 그러자 교수는 "너는 장차 섬세한 수술을 하는 외과의사로 크게 성공할 것"이라고 칭찬해 주었다. 그날 집으로 전화를 건 진석이는 "엄마가 바느질을 가르쳐 주셔서 오늘 그런 칭찬을 들을 수 있었어요."라고 했단다.

이렇듯 직접, 간접으로 자신의 실력과 인격과 헌신의 자세를 드러내 보일 수 있다. 특히 실력은 학교 성적, SAT(I, II) 등을 통해 비교적 쉽게 드러낼 수 있다. 그러나 두 번째와 세 번째 C는 인터뷰나 에세이 또는 과외활동을 통해 간접적으로 드러낼 수는 있지만, 중이 제 머리 못 깎는 격으로 미완성일 뿐만 아니라 타당도와 신뢰도에서도 문제가 야기되기 쉽다.

그러므로 자신의 능력, 인격, 헌신의 자세를 대변하고 추천해 줄 수 있는 인맥이 필요하다. 특히 헌신의 자세는 가까이에서 관찰하고 경험한 사람들이 추천해 주어야 한다. 미국 속담에 "기회는 뒷머리가 벗겨졌다."는 말이 있다. 지나간 다음에는 결코 잡을 수 없다는 뜻이다. 기회가 왔을 때 그것을 놓치지 않고 포착하기 위해서는 평상시에 3C를 대변하고 추천해 줄 수 있는 인맥이 형성되어 있어야 한다.

전통적으로 한국에서는 혈연, 학연, 지연을 통해 인맥이 형성되어 왔다. 미국에서도 학연에 의한 인맥 형성은 네트워킹이라 하여 아주 활발하다. 특히 명문일수록 그러하다. 진영이는 듀크 법학전문대학원에 재학할 때 여름방학이면 에드워드 케네디 상원의원 사무실에서 입법 보좌관 실습을 했다. 앤도버 동기동창이 홍보실에 근무하고 있었기에 그것이 가능했다.

그러나 오늘날 세계화된 지구촌에서는 학연, 혈연, 지연에 의한 네트워킹은 너무나 소극적인 방법이다. 보다 적극적이고 의도적이며 효율적인 방법이 있다. 바로 유사한 인생관이나 가치관 또는 세계관을 가진 사람들과 어울리고 그들 집단에 소속되는 것이다. 부자가 되려면 부자들과 어울리고, 사랑과 봉사를 실천하려면 봉사단체의 일원이 되라는 말이다.

내가 백악관 국가장애위원회 정책 차관보가 될 때에도 나의 실력, 인격, 헌신의 자세를 대변하고 추천해 줄 수 있는 인맥이 필요했다. 다행히도 나는 나와 인생관, 가치관이 유사한 사람들이 모인 여러 단체에 소속되어 있어 문제가 되지 않았다.

우선 공화당 거물급 인사인 리처드 손버그 전 법무장관이 있었다. 그분과는 세계장애위원회에서 나란히 부의장을 맡고 있었다. 그분은 추천서 가운데 "강 박사는 장애를 극복했을 뿐만 아니라, 그 장애를 긍정적인 자산으로 바꾸었습니다."라고 써주셨다. 그 한마디로 나의 장애에 대한 긍정적인 태도와 헌신의 자세를 간결하지만 힘 있게 표현한 것이다. FBI가 신원 조사 차원으로 인터뷰를 할 때에는 "나는 강 박사보다 더 성실하고 선한 사람은 생각해 낼 수 없습니다."라고 해주셨다. 이는 인격과 도덕성에 대한 추천의 말이었다.

또한 나는 민주당 거물급 인사인 윌리엄 벤덴휘벨 루스벨트재단 이사장의 추천도 받았다. 벤덴휘벨 이사장은 케네디 대통령 때 법무부 차관보를 역임하고, 카터 대통령 때 UN 대사를 지냈다. 그분은 "강 박사는 세계 장애인들의 열정적인 대변자로서, 그의 헌신적인 자세와 피눈물 나는 노력은 우리 모두를 감동시키고 있습니다. 그의 삶 자체가 감동이요 영감이며, 다른 사람들을 열심히 일하게 하는 리더십입니다."라고 추천서를 써주셨다. 아마도 혈연, 지연, 학연으로 연결되어 그저 아는 정도라면 이 정도로 깊이 있는 추천을 받기는 어려웠을 것이다. 루스벨트재단 고문으로 여러 해 동안 전문 지식과 성실함으로 봉사한 결과 나의 헌신의 자세를 인정받을 수 있었던 것이다.

혼자만 정직하고 헌신해 보아야 소용없다는 생각을 바꾸라. 세상의 부패와 비리 속에서도 당신의 정직과 헌신을 인정하고 대변해 줄 사람들이 있다. 그런 부류의 사람들과 어울리며 긍정적인 인맥을 형성하라. 출발이 늦었다고 불평하지도 말라. 너무 늦은 시작이란 결코 없는 법이다. 나는 나이 40에 미국 시민권을 받았어도 정부 고위 공직자가 되었으며, 뒤늦게 사회봉사를 시작했지만 10년도 안 되어 세계적으로 인정받을 수 있었다.

최악의 상황도 성취 동기로 삼으라

유전을 통해 받은 기본 능력을 최대로 개발하여 성취자가 되기 위해서는 성취 동기가 필요하다. 성취 동기는 사람에 따라서 다를 수도 있고, 한 사람 안에서도 때와 장소와 과제에 따라 다를 수 있다. 그런데 인생을 살다보면 예상하지 않았던 비바람이 몰아쳐 최악의 상황에 직면하기도 한다. 그러한 최악의 상황도 성취 동기가 될 수 있다.

미국에서는 민권 운동 지도자였던 마르틴 루터 킹 목사의 생일이 국가 공휴일이다. 워싱턴과 링컨의 생일이 각각 국경일이었다가 통폐합되어 현재는 대통령의 날이 하나 있을 뿐이다. 그러므로 킹 목사의 생일이 국가 공휴일인 것은 최고의 영예임에

틀림없다. 뿐만 아니라 그는 최연소 노벨평화상 수상자이기도 하다. 무엇이 그를 이렇게 위대한 영웅으로 만들었을까?

결코 그의 능력과 재능 때문만이 아니다. 지능지수, 적성, 창의력에 관한 한 그보다 뛰어난 사람들은 얼마든지 있다. 아이러니컬하게도 그를 위대하게 만든 것은 사회 속에 깊이 뿌리박힌 인종차별이었다. 인종차별로 인해 흑인들은 백인들과 다른 학교에 다녀야 했고, 화장실도 함께 사용하지 못했으며, 같은 버스도 타지 못했다. 그런 식의 부당한 차별이 성취 동기가 되어 그를 위대한 비전의 사람이자 위대한 성취자로 만든 것이다.

당시 절대 다수의 흑인들은 인종차별을 운명으로 받아들였다. 그들에게 그것은 그저 피할 수 없는 고난일 뿐이었다. 그러나 킹 목사는 달랐다. 그는 그것을 운명으로 받아들이지 않고 도전하면 극복하고 승리할 수 있다고 믿었다. 때문에 킹 목사에게 인종차별은 투쟁의 대상이요 성취 동기인 동시에 성취해야 할 아름다운 꿈이었다.

어떤 사람이 캄캄한 밤에 홀로 산길을 가다가 그만 길을 잃었다. 설상가상으로 발을 헛디뎌 새로 파놓은 깊은 구덩이에 빠져버렸다. 그 구덩이는 날이 밝으면 시체를 묻기 위해 파놓은 무덤이었다. 아무리 죽을힘을 다해 기어 올라가려고 해도 자꾸 미끄러질 뿐이었다. 그 사람은 여러 시간 애를 쓰다가 불가능하다고 생각하고 포기해 버렸다. 그렇게 지친 몸으로 쪼그리고 앉아 있는데, 마침 그곳을 지나가던 사람 하나가 또 구덩이에 빠졌다. 그 사람은 떨어지자마자 다시 기어 올라가기 위해 애를 쓰느라 미처 그 안에 다른 사람이 있다는 것을 몰랐다.

뒤에서 한참 동안 그 사람이 기어 올라가다 다시 떨어지는 것을 바라보던 첫 번째 사람은, "그래봐야 소용없어요."라고 한마디 했다. 그러자 두 번째 사람은 너무 놀란 나머지 껑충 뛰어 구덩이 밖으로 나갔다. 귀신이 있는 것으로 착각한 탓에 두려움이 커다란 성취 동기가 되어 구덩이를 뛰쳐나올 수 있었던 것이다.

이와 같이 최악의 상황도 성취 동기만 있으면 극복할 수 있다. "문제 속에 답이 있다."는 말처럼 최악의 상황 그 자체가 성취 동기가 되는 것이다. 곧, 시련도 역경도 핍박도 눈물도 모두 성취 동기가 될 수 있다. 하지만 그전에 먼저 최악의 상황을 야기한 원인을 알아내야 한다. 자신의 잘못이나 실수로 그런 상황이 벌어졌을 수도 있기 때문이다. 그럴 때는 먼저 반성하고 회개해야 한다.

아무리 생각하고 기도해 보아도 자신의 실수나 죄로 인해 야기된 상황이 아니라면, 그러한 최악의 상황을 성취 동기로 환원하는 헌신의 기회로 삼아야 한다. 세 번째 C인 "Commitment"는

M A R T I N   R U T H E R   K I N G

마르틴 루터 킹_ 미국의 흑인 민권운동자이자 사상가.

비폭력 무저항운동을 통해 인류화합을 도모한 흑인 민권운동가이자 사상가로 몸소 사랑의 실천을 보여주었다. 그가 흑인 지도자로서 두각을 나타내게 된 것은 앨라배마 주 몽고메리 시 버스 보이콧 운동의 대표로 선출되면서부터였다. 이는 흑백분리법의 일환으로 버스안 백인과 흑인 좌석이 구별되어 있었던 것을 철폐하고자 11개월 동안 흑인들이 보이콧을 벌인 사건이다.

간디의 사상에 감명 받은 마르틴 루터 킹은 비폭력 무저항주의 사상을 군중에게 호소함으로써 흑인 민권운동의 상징적 인물로 부각되었다. 그 후에도 그는 인종화합을 위한 민권운동으로 30여 차례나 체포되었지만 비폭력 무저항운동에 대한 그의 신념에는 변함이 없었다. 그는 흑인 사회의 진보주의자들로부터 비난받고 백인 주류 세력으로부터 소외당했으나 자신의 비폭력 무저항주의를 포기하지 않고 암살당할 때까지 몸소 실천했다.

"서약"이라는 의미도 있다. 즉 헌신은 자신과 하나님께 서약하고 그것을 지키기 위해 노력하는 것이다. 그래서 최악의 상황을 역전시킬 힘이 샘솟듯 흘러나오는 것이다. 때때로 초인적인 능력이 발휘되는 것은 바로 그 때문이다.

나는 정상적인 시력을 가지고 있었을 때 서울사대부중 입시에서 떨어졌다. 그러나 맹인으로 원점에서 다시 인생의 마라톤을 시작한 후에는 시험에 떨어진 기억이 없다. 그것은 나의 기본 능력이 증가된 것이 아니라, 최악의 상황도 긍정적인 시각으로 보고 성취 동기의 원천으로 삼았기 때문에 가능했다. 타고난 능력이 부족하다고 불평하지 말라. 가난과 역경을 탓하지도 말라. 지금 당신이 불평하고 탓하는 최악의 상황이 당신을 위대한 성취자로 만드는 성취 동기요, 아름다운 세상을 보는 비전과 꿈의 원천이다!

운명보다는 도전이, 능력보다는 성취 동기가, 환경보다는 헌신의 자세가 더 중요하다는 사실을 인식하는 순간부터 당신의 인생은 달라질 수 있다. 그리고 자녀 교육도 달라질 것이다. 새로운 시각으로 새로운 세상과 미래를 보라.

루스벨트가 꿈꾼 아름다운 세상

소아마비가 없는 세상

미국 32대 대통령인 프랭클린 루스벨트는 네덜란드 이민자의 후손이었다. 청소년 시절 먼 친척이었던 시어도어 루스벨트가 26대 대통령이 되자, 장차 대통령이 되겠다는 분명한 목적을 가지고 아저씨가 걸어간 발자취를 따라 전진에 전진을 하며 승승장구했다. 사립 명문고, 명문대를 나와 변호사가 된 그는, 정계에 진출한 후에도 탄탄대로를 걸어 나이 38세에 이미 민주당 부통령 후보가 되었다. 하지만 루스벨트에게도 인생의 캄캄한 터널이 서서히 다가오고 있었다.

1920년 대선에서 민주당은 패배했다. 그것이 루스벨트에게는 처음이자 마지막 정치적 패배였다. 그러한 점에서는 정치적으로 보기 드문 행운아인 셈이었다. 그런데 비가 오기 시작하면 억수처럼 쏟아진다는 말이 있듯이, 1년도 못되어 소아마비에 감염되어 루스벨트는 걷지 못하는 중증 장애인이 되고 말았다.

하지만 루스벨트는 주저앉지 않았다. 대통령이 되겠다는 꿈은 잠시 접어두고, 소아마비와 싸워 승리하겠다는 새로운 꿈을 품은 것이다. 7년을 소아마비라는 중증 장애와 싸우다가 정계로 복귀한 루스벨트는 1928년 뉴욕주지사로 당선되었고, 4년 후에

눈 미국 32대 대통령으로 당선되었다!

루스벨트는 대통령으로 취임한 후, 경제대공황으로 일터를 잃고 증권 시장 폭락으로 망해 실의와 절망에 빠진 수많은 사람들에게 "우리가 두려워해야 할 것은 두려움 그 자체뿐입니다!"라고 외쳤다. 이 위로와 도전이 담긴 말은 7년에 걸친 소아마비와의 투쟁에서 얻은 지혜와 용기에서 비롯된 것이라고 한다.

또한 소아마비를 정복하여 아름다운 세상을 만들겠다는 다짐을 계속하면서, 지지자들이 생일에 보낸 선물을 기초로 "마치 오브 다임스"March of Dimes, 즉 "10전의 행렬"이라는 비영리 재단을 창립했다. 그때가 대통령 첫 임기 중 두 번째 해인 1934년이었다. 그로부터 매해 루스벨트의 생일인 1월 30일에는 소아마비가 없는 아름다운 세상을 꿈꾸는 시민들에게 성금을 모금했다. "티

※ 소아마비 infantile paralysis

성질이 다른 두 가지 병의 총칭으로 쓰이는데, 하나는 척수성 소아마비(폴리오)이고, 다른 하나는 뇌성 소아마비이다. 척수성 소아마비는 전염병으로, 척수신경이 폴리오 바이러스에 침범되어 수족의 마비가 일어난다. 뇌성 소아마비는 출산 전후의 여러 가지 원인에 의해 뇌신경이 영향받는 것으로 전염성은 전혀 없다. 또 마비의 상태도 현저하게 달라서, 척수성 소아마비의 경우는 움직이지 않는 손발을 다른 사람이 굴신시키면 힘이 빠진 것같이 흐늘흐늘 움직이는 이완성 마비이지만, 뇌성 소아마비는 손발의 근육이 뻣뻣해지는 경직성 마비를 일으킨다.

널리 알려진 대로 미국의 대통령 루스벨트와 헬렌 켈러는 소아마비에 걸렸다. 후에 솔크 박사에 의해 소아마비 예방 백신이 발명되었고, 그것을 기념하기 위해 '솔크 박사의 날'도 지정되었다.

끌 모아 태산"이라고 다임, 즉 10전의 행렬은 줄을 이어, 그로부터 정확히 20년 후인 1954년 솔크 박사가 소아마비 예방 접종을 발견하여 루스벨트의 아름다운 꿈이 현실로 이루어졌다. 만약 그 꿈을 공유했던 헤아릴 수 없는 시민들의 10전의 행렬이 없었다면 그 꿈이 이루어지는 데는 훨씬 더 오랜 세월이 걸렸을 것이다.

그때까지 소아마비 연구에 지원된 연구비만 4천 5백만 달러에 달했다고 한다. 그래서 루스벨트 기념관이 워싱턴에 건립될 때, 정부가 상징적으로 4천 5백만 달러를 지원하고 나머지 천만 달러를 일반 시민들에게 모금했다. 4천 5백만 달러는 지금도 엄청나게 큰 돈이다. 그러니 한번 상상해 보라. 1930년대에 시작해서 50년대 초까지 20년 동안에는 얼마나 큰 액수였겠는가?

소아마비를 정복하는 꿈은 루스벨트 혼자만의 꿈이 아니라 모든 장애인들의 꿈이었으며, 그의 승리는 모든 장애인들의 승리였다. 루스벨트는 장애인들의 영웅으로 영원히 역사 속에 존재할 것이다. 루스벨트 기념관에 들어서면 보이는 휠체어에 앉아 있는 모습의 동상과 거기에 새겨져 있는 문구가 이를 입증해 주고 있다.

루스벨트는 미국 역사에 유례가 없는 4선 대통령이다. 미국을 경제대공황에서 구하고 2차세계대전을 승리로 이끈 공을 인정받아서였다. 그런데 4선된 지 3개월 만에 뇌출혈로 세상을 떠났다. 그가 타계한 장소는 백악관도 아니고 자택도 아닌 웜스프링스 재활센터였다. 이곳은 그가 소아마비에 걸렸을 때 사재를 털어 창설한 미국 최초의 재활병원이었다. 정계에 복귀하기 전 7년 동안 루스벨트는 그곳에서 재활치료를 받았으며, 정계에 복귀한 후에는 '작은 백악관'이라 하여 자주 들러 직무를 수행했다. 특히 매년 감사절을 그곳에서 주민들과 함께 보냈다고 한다. 그에게는 그곳이 소아마비를 정복하는 꿈을 품은 장소였기에 특별했을 것이다.

4대 자유가 보장되는 아름다운 세상

루스벨트는 미국 대통령으로서, 세계 지도자로서 또 하나의 꿈이 있었다. 그것은 1941년 1월 6일, 의회에서 행한 역사적인 연설에 잘 나타나 있다. 그는 약소국가와 약소민족들에게까지 "4대 자유", 즉 언론과 표현의 자유, 신앙의 자유, 빈곤으로부터의 자유, 공포로부터의 자유가 보장되는 아름다운 세상을 연설했다. 그리고 4대 자유를 박탈하거나 위협하는 국가들은 적이요, 악의 축이라고 선언했다. 구체적으로 독일, 이태리, 일본은 전쟁으로 4대 자유를 빼앗고 위협했기에 악의 축이요 미국의 주적이라는 것을 분명히 했다. 그리고 그 순간부터 라디오 연설을

FRANKLIN D. ROOSEVELT

프랭클린 루스벨트_ 미국 32대 대통령인 프랭클린 루스벨트는 네덜란드 이민자의 후손이었다. 청소년 시절 장차 대통령이 되겠다는 분명한 목적을 가지고 전진에 전진을 하며 승승장구했다. 사립 명문고, 명문대를 나와 변호사가 된 그는, 정계에 진출한 후에도 탄탄대로를 걸어 나이 38세에 이미 민주당 부통령 후보가 되었다. 하지만 루스벨트에게도 인생의 캄캄한 터널이 서서히 다가오고 있었다.

1920년 대선에서 민주당은 패배했다. 그런데 비가 오기 시작하면 억수처럼 쏟아진다는 말이 있듯이, 1년도 못되어 소아마비에 감염되어 루스벨트는 걷지 못하는 중증 장애인이 되고 말았다. 하지만 루스벨트는 주저앉지 않았다. 대통령이 되겠다는 꿈은 잠시 접어두고, 소아마비와 싸워 승리하겠다는 새로운 꿈을 품은 것이다. 7년을 소아마비라는 중증 장애와 싸우다가 정계로 복귀한 루스벨트는 1928년 뉴욕주지사로 당선되었고, 4년 후에는 미국 32대 대통령으로 당선되었다!

루스벨트는 미국 역사에 유례가 없는 4선 대통령이다. 미국을 경제대공황에서 구하고 2차 세계대전을 승리로 이끈 공을 인정받아서였다. 그런데 4선된 지 3개월 만에 뇌출혈로 세상을 떠났다. 그가 타계한 장소는 백악관도 아니고 자택도 아닌 웜스프링스 재활센터였다. 이곳은 그가 소아마비에 걸렸을 때 사재를 털어 창설한 미국 최초의 재활병원이었다. 정계에 복귀하기 전 7년 동안 루스벨트는 그곳에서 재활치료를 받았으며, 정계에 복귀한 후에는 '작은 백악관'이라 하여 자주 들러 직무를 수행했다. 특히 매년 감사절을 그곳에서 주민들과 함께 보냈다고 한다. 그에게는 그곳이 소아마비를 정복하는 꿈을 품은 장소였기에 특별했을 것이다.

▲ 웜스프링스 재활센터

통해 국민들과 함께 꿈을 공유하기 위해 노력했다.

부시 대통령은 "테러와의 전쟁"을 선언하면서 비록 당적은 다르지만 루스벨트 대통령을 연구하고 그로부터 역사적 교훈을 배웠다고 한다. 테러와의 전쟁에서 주적은 누구인가? 테러를 일삼는 자들이나 단체는 물론 그들을 양성하거나 지원하는 국가들이다. 테러와의 전쟁에서 악의 축으로 지목받은 국가들은 부시 대통령 말대로 하나님께서 주신 자유와 민주주의와 안전을 위협하거나 빼앗고 있다.

루스벨트가 꿈꾸었던 4대 자유가 보장되는 아름다운 세상은 이루어지기도 했고, 이루어지고 있기도 하고, 장차 이루어지기도 할 것이다. 분명한 것은, 100%는 아닐지라도 세계 도처에서 4대 자유를 누리는 더 좋은 세상이 된 것은 분명하다.

해방 후 우선 대한민국에서만이라도 자유 민주주의가 발전했고 '빈곤으로부터 자유'를 얻어 경제대국이 되었다. 오히려 때로는 자유가 너무 넘쳐 무책임한 사람들을 통제하지 못하는 것이 사회 문제로 느껴질 정도이다. 자유에는 반드시 책임이 따라야 한다. '공포로부터의 자유'는 겁도 없이 법과 원칙을 넘어 무분별한 행동을 하는 것이 아니다. 오늘날 일부 한국 특권층은 법을 무시하고 살아도 되는 사람들로 외국 언론에 비추어지기도 한다. 그러한 행동은 결코 '공포로부터 자유'가 아니다.

루스벨트는 20세기의 세계 영웅이다. 그는 장차 무엇이 되겠다는 분명한 인생의 목적을 가지고 실력을 닦고 인격과 헌신의 자세를 길러 대통령이 되었다. 그리고 무엇이 되어 "어떻게 살 것인가"를 이루었다.

소아마비가 없는 아름다운 세상을 만들겠다는 꿈도 그의 타계 후 9년이 지나 이루어졌다. 비록 자신이 직접 열매를 보지는 못했지만, 자신의 꿈을 통해 온 인류에게 장애 예방과 장애인 재활에 대한 새로운 희망과 꿈을 안겨 준 것이다. 구체적으로는, 루스벨트재단과 세계장애위원회가 공동으로 매년 루스벨트 국제장애인상을 시상함으로 인류의 아름다운 꿈을 이어가고 있다.

4대 자유의 꿈도 온 인류의 꿈으로 이어져 가고 있다. 2차 세계대전 승리를 목전에 두고 루스벨트는 세상을 떠났다. 그것도 그가 그토록 소원했었던 UN 창설을 목전에 두고 떠났다. 그러나 그의 꿈은 죽지도 사라지지도 않았다. 그가 사망하던 해에 UN은 계획대로 창립되었다. 그리고 5년 후인 1950년에는 UN 깃발을 휘두르며 미국을 위시한 16개국이 4대 자유를 수호하기 위해 한국전쟁에 참전했다. 루스벨트의 4대 자유에 대한 꿈은 오늘날 한국인들이 누리는 자유와도 깊은 관계가 있는 것이다.

특히 대한민국은 루스벨트 국제장애인상 첫 수상국이었다. 시상식에서 루스벨트 대통령의 손자인 포드 루스벨트는 "아마도 할아버지는 대한민국이 첫 수상국이 된 것을 가장 뜻 깊게 생각하시고 기뻐하실 것"이라고 했다. 또한 연세대 중앙도서관 5층에 루스벨트 대통령 도서관이 개관될 때 역시 손자인 데이비드 루스벨트는 "모스크바대학에 이어 미국 선교사들이 세운 연세대에 루스벨트 도서관이 개관되는 것은 엄청나게 상징적인 의미를 지닐 뿐 아니라 미래 한미관계와 연구에 큰 자산이 될 것을 확신한다."고 하기도 했다.

무엇보다 나는 루스벨트재단 고문으로서 그의 아름다운 세상을 만드는 꿈을 공유하고 이어가는 데 일조할 수 있음을 무한한 영광으로 생각한다. 그리고 그러한 기회를 주시고 큰 도구로 사용하시는 하나님께 뜨거운 감사를 드린다.

더 아름다운 세상을 만드는 꿈을 가지라. 독자적인 꿈을 가지기 어렵거든 당신 가치관에 맞는 앞서가는 사람들의 꿈에 편승하라.

그리고 기억하라. 기회를 주고 문을 열어 주는 것은 하나님의 은총이지만, 3C를 준비하는 것은 바로 우리의 몫이다.

05
준비된 사람에게 기회의 문이 열린다

3C, 즉 실력, 인격, 헌신이 갖추어진 사람들에게는 축복이 임한다. 하나님은 인간을 통해서 역사하시기 때문에 3C를 갖추고 있는 사람들의 아름다운 세상을 만드는 꿈을 이루어 주시는 것이다. 이는 성경적이면서 통계적, 경험 과학적으로 검증된 진리이다.

구약성경 신명기 28장에는 하나님이 복 주시는 이야기가 나온다. 하나님은 세계 민족 위에 뛰어나게 하시고 자자손손 복을 주겠다고 하셨다. 그렇게 복을 주시는 것은 하나님의 몫이지만, 그 복을 받기 위해 우리가 해야 할 몫도 있다. 성경에는 하나님의 명령에 순종하고 계명을 지키라고 되어 있다. 그러면 복을 받기 위해 우리가 해야 할 몫과 3C와는 무슨 관계가 있는가?

첫 번째 C, 실력을 갖춘 사람은 게으름 피우지 않고 집중하며, 시간 관리를 잘해서 하나님께서 주신 기본 능력을 최대한 개발함으로 말씀에 순종한다.

두 번째 C, 인격이 갖추어진 사람은 계명에 충실하여, 하나님과의 관계도 잘하고, 대인관계에서도 탁월한 능력을 보인다.

세 번째 C, 헌신의 자세가 되어 있는 사람은 사랑의 계명을 지키는 사람들로, 하늘나라가 이 땅에 임하게 하는 헌신적 노력을 멈추지 않는다.

요컨대 실력, 인격, 헌신이 준비되면 축복은 자연스럽게 따라온다.

때로는 3C가 다 갖추어졌는데도 기회가 오지 않고 닫힌 문이 열리지 않을 수도 있다. 그럴 때에도 실망하고 낙심하지 말라. 하나님께서는 "모든 것이 합력하여 선을 이룬다."는 약속을 반드시 지키시기 때문이다. 우리는 시련과 역경 속에서도 끝까지 하나님을 버리지 않고 사랑하기만 하면 된다. 하나님을 끝까지 의지하고 인내하고 기도하면 반드시 축복의 약속은 지켜질 것이다.

미국 최고 명문 고교인 필립스 아카데미 동문들을 보자.

돈버는 기술을 가르치지 않았는데도 백만장자 천만장자가 가장 많이 배출되었다. 명성을 추구하라고 교육하지 않았는데, 『미국저명인사인명사전』에 동문 35명당 한 명꼴로 오를 정도로 수많은 명사들이 배출되었다. 권력을 가진 강자가 아니라 섬기는 리더가 되라고 했는데, 부시 대통령 부자를 위시해서 권력자들 역시 가장 많이 배출되었다. 이는 10, 20년간의 통계가 아니라 20세기 100년에 걸친 통계자료이다.

이유가 무엇일까? 필립스 아카데미 동문들은 3C, 즉 실력, 인격, 헌신의 자세를 준비하는 과정 중에 다음에 나온 성경의 두 명령을 잘 지킨다. 바로 "나 자신을 위해서가 아닌"이라는 건학이념의 기초가 된 두 계명이다.

첫째, "주라 그리하면 너희에게 줄 것이니" 눅 6:8.
그들은 각자 가지고 있는 최선의 것을 사회와 국가와 세계에 주기 위해 노력한다.

둘째, "먹든지 마시든지 무엇을 하든지 다 하나님의 영광을 위해 하라" 고전 10:31.
그들은 이 명령에 순종하기 위해 노력한다.

2001년 부시 행정부 출범 이후 미국에서는 믿는 사람들과 믿지 않는 사람들의 차이에 대한 연구가 활발해졌다. 사실 신앙은 주관적인 것이기 때문에, 믿는 자와 믿지 않는 자의 구별을 통계 처리가 가능하도록 교회에 매주 출석하는지, 한달에 한 번 정도 출석하는지, 부활절과 감사절 또는 성탄절에만 출석하는지, 전혀 안하는지 등으로 나누어 연구하고 있다. 그러면 우리가 보통 복 받은 사람들이라고 할 때 신자 집단과 불신자 집단 가운데 어느 집단이 더 많이 복을 받고 있을까?

세계에서 크리스천이 가장 많은 미국에서 이루어진 연구이기는 하지만, 매주 교회에 가서 예배를 드리는 신자 집단이 더 건강하고 오래 산다고 한다. 일례로, 지난 해 듀크대학병원에서 그 병원에 입원했던 환자 588명을 대상으로 연구한 결과, 같은 질병이나 사고로 입원했을 때 매주 교회에 나가는 사람들은 평균 10일 입원한 반면 교회에 나가지 않는 사람들은 26일 정도 입원했다. 이러한 연구 결과 덕분에 최근 미국 의대에서는 영성 치료와 의학에 관계되는 강좌를 신설하는 추세라고 한다. 또한 신자들이 불신자들에 비해 부자들도 훨씬 많고, 명예와 권력을 가진 사람들도 더 많다고 한다.

요컨대, 보편적으로 사람들이 복이라고 생각하는 건강, 부, 명예, 권력, 성공 등에서 신자들이 불신자들보다 통계학적으로 더 많은 축복을 받고 있다는 것이다. 그뿐만이 아니다. 감옥에 가거나 알코올이나 마약에 중독 된 사람들 중에서도 신앙을 가진 사람들이 불신자 집단보다 재활에서 성공할 확률이 훨씬 높다고 한다.

세계화 시대의 무한 경쟁을 불안해하고 두려워 말라. 미래에 대한 확신을 가지고 아름다운 세상을 만드는 꿈을 향해 실력을 쌓고 인격을 닦고 헌신을 키우라. 특히 집중력과 시간 관리 능력을 개발하라. 또한 계명을 지키라. 그러면 하나님과의 관계에서는 물론 대인관계에서도 크게 성공할 것이다. 마지막으로 사랑의 계명을 지키도록 힘쓰라. 그러면 당신이 선택한 분야에서 최고의 실력, 최고의 도덕성, 최고의 전문성을 가지고 아름다운 세상을 만드는 데 크게 일조하게 될 것이다. 뿐만 아니라 하나님이 약속하신 놀라운 축복을 누리게 될 것이며 후손들이 대대로 복을 받게 될 것이다.

"십리를 간 사람들" Extra Mile Pathway

2002년 2월부터 백악관 근처 번화가에 아름다운 세상을 만드는 꿈을 실현한 70인의 삶을 기념하는 42인치짜리 동판이 1마일에 걸쳐 세워지기 시작했다. 2005년 4월에 마지막 70번째 동판이 새겨지고 대통령이 봉헌할 예정이다.

현재까지 새겨진 동판 중에는 미국 여권운동의 선구자 수잔 앤소니 여사와, 미국 적십자사를 창립한 클라라 바튼 여사가 있다. 이들은 평범한 여교사들이었지만, 남이 안했던 생각을 하고, 그 생각을 실천에 옮겨 위인이 되었다.

또한 삼중 장애를 가졌던 헬렌 켈러의 동판도 있다. 이는 삼중 장애를 극복했기 때문이 아니라, 미국맹인재단을 창립하여 미국 내 맹인들의 완전한 사회 통합 운동을 주도하고, 해외맹인재단을 만들어 세계 맹인들의 삶의 질을 향상시킨 공로가 인정된 것이다. 이밖에 미국 보이스카우트와 걸스카우트 창립자, YMCA 창립자의 동판도 있다.

우리는 이들에게서 쉽게 공통점을 찾을 수 있다.

첫째, 대부분 우리 가운데서 흔히 볼 수 있는 보통 사람들이었다.

둘째, 3C를 갖춘 사람들이었다. 이들은 교육자로, 목회자로, 의사로, 사회운동가로 각 분야에서 실력과 전문성을 인정받았을 뿐 아니라, 높은 도덕성과 인격으로 존경받았다. 그리고 죄악과 사탄의 권세가 가득 찬 이 땅에 아름다운 하나님 나라를 임하게 하는 데 평생을 헌신했다.

셋째, 각자 타고난 재능에 따라 선택한 분야는 달랐지만 더 좋은 세상을 만드는 인류 공통의 꿈을 실현하는 데 뛰어난 기여를

SUSAN B. ANTHONY

수잔 B. 앤소니_ "명성과 지위를 유지하기 위해서만 애쓰는 신중하고 꼼꼼한 사람들은 결코 개혁을 이룰 수 없습니다. 그런 사람들은 그 어떤 세상의 존경도 기대해서는 안 될 것입니다."

미국 여성의 정치권을 얻기 위해 역사에 남는 캠페인을 벌인 지도자로 널리 알려졌다. 19세기 당시 사회에 만연한 편견을 딛고 여성 투표권을 주장하는 운동에 앞장섰다. 1890년에는 엘리자베스 캐디 스탠튼과 함께 "The National American Woman Suffrage Association"을 창립했다. 여사는 미국 시민이라면 모든 사람이 헌법 아래에서 동일한 권리를 부여 받았다는 믿음으로 평생동안 헌신했다.

CLARA BARTON

클라라 바튼_ 교사이자 미 특허청 직원으로, 남북전쟁 당시 병참학자이자 간호사, 인도주의자였다. 전쟁의 희생자들을 구제하고, 위기 상황을 대비하고 잘 대처하여 사람들을 보호하고자 미국적십자사를 창립했다. 8개의 지역 센터와 2,200개의 지방 지부를 가진 미국적십자사의 토대는 한 여성의 준비로 마련된 것이다. 적십자사는 군인들을 돕고, 재난 대비 대책을 수립하며 재난 희생자들을 돕는다. 특히 이 기관의 수혈 프로그램은 세계에서 가장 광범위하다. 이 밖에 양육과 건강 프로그램도 운영하고 있다. 오늘날은 국가의 한 기관으로 성장했으며, 도움이 필요할 때 항상 대기하고 있다.

했다. 그 결과 하나님의 뜻대로 한평생을 살고, 세상에서 가장 많은 축복을 누리는 사람들이 되어 하나님 역사 창조 대열에 우뚝 선 것이다.

더 좋은 세상을 만든 70명 동판 중 첫 번째는 굿윌인더스트리의 창립자인 에드가 헬름 박사이다. 그는 아이오와에서 언론인으로 출발하여 『피터슨 페트리오트』라는 일간지를 창립하고 훗날 다른 신문사까지 구입한 실력자였다. 하지만 그는 세속적인 성공과 명예에 만족하지 않았다. 보스턴에서 신학을 전공하여 목사 안수와 신학박사학위를 받은 후, 보스턴 남부에 위치한 감리교회 모간 채플에서 목회를 시작했다.

모간 채플은 성도가 1,500명쯤 되는 큰 교회였다. 그 지역이 빈민가와 부촌이 공존하는 곳이다 보니, 불우이웃을 돕는 사랑 나누기 운동을 생각하게 되었다. 당시 빈민 지역에 거주하는 주민들은 일자리가 없어 무위도식하는 사람들이 많았다. 그들에게 일회용 구호물자 공급은 근본적인 문제 해결이 될 수 없었다. 그들 역시 구호물자 대신 직업을 달라고 외쳤다. 그들의 고용 창출을 위해 굿윌인더스트리가 시작된 것이다.

우선, 지역사회 주민들은 쓸만한 중고품을 기부하고, 그 물건을 저렴한 가격으로 판매했다. 그러한 유통 과정에서 많은 고용이 창출되었다. 보스턴 남부 지역사회에서 이 가게가 성공을 거두자, 헬름 박사는 감리교회와 교단 본부를 통해 이를 전국으로 확산시켰다. 그러다가 교회가 감당하기 어려울 정도로 큰 성공을 거두어, 교회를 넘어선 지역사회운동으로 자리잡게 된 것이다.

에드가 헬름 박사가 세상을 떠난 지 이미 반백년이 지났다. 그러나 빈부격차가 없는 아름다운 세상, 직업 장애가 있는 사람들이 모두 고용되는 아름다운 세상을 만드는 꿈은 오늘도 이어지고 있다. 현재 굿윌인더스트리는 세계 최대 비영리 사회복지회사로 알려져 있다. 미 전국 183개 지방본부와 1,700여 개의 가게 연간 예산이 20억 달러에 이른다. 지난 한 세기 동안 5백만에 달하는 직업 장애인들에게 일터를 제공해 자존감을 세워 주고 사회 일원으로 기여하도록 하였다. 2020년까지는 연간 예산 50억 달러로 2천만에 달하는 직업 장애인들을 돕는 야심찬 목표의 프로젝트가 현재 진행 중이다.

나는 모태교인으로 태어나 경기도 양평군 작은 시골 마을에 위치한 문호교회에서 어린 시절을 보냈다. 그 교회가 지금은 서울노회 소속 예장 통합측 장로교회이다. 실명을 하고 방황할 때에는 여의도 순복음교회의 전신인 대조동 순복음교회에 2년 정도 다녔다. 그리고 도미한 후 32년 동안 장로교회에 출석하고 있으니 거의 평생을 장로교인으로 보낸 셈이다. 그럼에도 불구하고 감리교인 친구들이 가장 많다. 그것은 내가 에드가 헬름 목사의 아름다운 세상 만드는 꿈에 동참하고 편승해 왔기 때문이다. 장애인 직업 재활분야에서 에드가 헬름 목사의 영향은 실로 대단하다. 유유상종이란 말이 있다. 나와 유사한 생각을 하고 가치관을 가진 사람들과 어울리다 보면 미국에서는 감리교인일 확률이 가장 높다. 요컨대 생각과 행동에 따라 친구도 결정되는 것이다.

1987년에 미국 장로교 총회 출판사인 존 녹스 프레스에서 나의 첫 간증서 *A Light in My Heart*를 출간했었다. 2004년 7월에는 미국 감리교 교단 출판사인 에빙던 프레스에서 『나의 부족함, 하나님의 능력』*My Disability, God's Ability*이 출간될 예정이다. 내가 장로교에서 감리교로 바꾼 것이 아니라, 장애인과 비장애인이 완전 통합되어 함께 사는 아름다운 세상을 만드는 꿈을 가지고 살다보니 그렇게 된 것이다.

3C로 세계에 도전하라. 그러면 하나님의 놀라운 축복이 따를 것이다. 그리고 분명 그러한 축복 중 하나로 당신과 유사한 가치관과 헌신적 자세를 가진 많은 친구들을 여러 분야에서 만나게 될 것이다.

준비된 사람에게 기회의 문이 열린다

내가 박사 과정을 공부할 때였다. 아내는 도서관에 자료를 찾으러 가고, 나는 캠퍼스 잔디밭에서 두 살짜리 진석이를 데리고 있었다. 그런데 주위에서 왔다갔다하며 놀던 진석이 소리가 들리지 않았다. 갑자기 불길한 생각이 들어 창피한 줄도 모르고 진석이를 큰소리로 불러댔다. 그러나 그저 내 목소리만 메아리쳐 돌아올 뿐이었다. 지나가는 사람들에게도 물어보았으나 주위에는 꼬마가 없다는 대답만 들을 수 있었다. 아마도 그때가 맹인으로서 가장 답답함을 느낀 순간이었을 것이다.

그렇게 애타게 찾고 있는데 바로 그 근처 건물에서 한 여성이 진석이를 데리고 나왔다. 진석이가 혼자 놀다가 그 건물로 들어가 교육대 학장실 문을 두드렸다는 것이다. 마침 메이스너 학장이 계셨는데 한국교육개발원 설립을 돕기 위해 서울을 자주 왕래하실 때라 한국에 대한 관심이 커서 진석이를 반갑게 맞아 주셨다는 것이다. 그 길로 나는 그 여비서를 따라 진석이와 함께 학장실로 가서 인사하고 대화를 나누었다.

그 인연으로 메이스너 학장은 내가 박사학위를 받고 취직이 안 돼 고국으로 돌아가지 못할 때, 포스트 닥 프로그램에 들어가도록 도와주고 장학금도 받도록 해주었다.

세상에서 성공한 이들에게 성공의 비밀을 물어보면 운이 따라주었다는 말을 많이 한다. 나는 그것을 하나님의 은혜요 축복이라고 믿는다. 만일 그때 진석이가 학장실 문을 두드리지 않았더라면 나의 인생은 달라졌을 수도 있다. 그렇다고 그 만남이 저절로 포스트 닥 프로그램에 들어가 만료된 학생 비자를 갱신할 기회를 준 것은 아니었다. 당시 내가 미국에 정착하겠다는 새로운 뜻을 세우고 그 방법과 수단을 찾고 있었기 때문에 메이스너 학장과의 만남을 그러한 기회로 볼 수 있었던 것이다.

뜻이 있는 곳에 길이 있다

나는 박사학위를 받고 7년 후에야 사회봉사도 시작하고 글도 쓰기 시작했다. 그 7년 동안에는 기억에 남을 만한 기회가 보이지도 않았고 포착하지도 못했다. 하지만 약한 것들을 자랑해서 하나님께 영광을 돌리겠다는 뜻을 세워 책을 쓰고, 내게 있는 것으로 사회에 봉사하기 시작하니, 세계를 향해 도전해 볼 수 있는 기회도 생기고 상상조차 하지 못했던 문이 열리기 시작했다.

로터리 클럽에 가입한 지 일년도 안 된 1983년 6월 5일, 캐나다 토론토에서 개최된 국제 로터리 세계대회에서 연설할 기회가 주어졌다. 최초로 세계무대에 설 수 있는 문이 열린 것이다. 감사하게도 1만 6천 명에 달하는 세계 민간 지도자들이 내 연설에 큰 감동을 받았다. 그 대회에 참석했던 한국 로터리 지도자들에게도 자연스레 인정받게 되었다.

그 후 로터리 세계에서 리더십을 인정받는 문이 열려 지난 20년 동안 왕성한 사회 활동을 하고 있다.

1992년 6월 올랜도 플로리다에서 개최된 국제 로터리 대회에서는 전 세계 3만 여 민간 지도자들 앞에서 연설했고, 1996년 12월 3일 UN 세계 장애인의 날에는 UN 본부에서 자전적 드라마 "눈먼 새의 노래"가 상영되었다. 또한 1997년 5월 2일에는 루스벨트 기념관 제막 전야 백악관 만찬회에서 연설할 기회도 있었다. 명실상부 세계 정상을 향한 도전이 시작된 것이다.

루스벨트 재단에서는 매해 4대 자유의 메달 한 명, 언론과 표현, 신앙, 빈곤, 공포로부터의 자유에서 한 명씩 다섯 명을 선정하여 4대 자유의 메달을 시상한다. 홀수 해에는 미국인들이, 짝수 해에는 외국인들이 대상이 된다. 특히 짝수 해에는 여왕이 참석한 가운데 네덜란드에서 시상식이 있으며, 4대 자유의 메달 수상자는 대표로 8분 동안 전국으로 방영되는 텔레비전 연설을 한다. 수상자들 가운데는 노벨상 수상자들도 대거 포함되어 있다.

언젠가 나도, 루스벨트의 꿈을 공유하고 이루기 위해 노력한 사람으로 그러한 영광의 메달을 수상할 날을 기대해 본다.

3C가 준비되면 세계 정상을 향해 도전하라. 하나님이 축복하시고 크게 들어 쓰실 것을 확신하고 입으로 시인하라. 우리는 이 세상에 울면서 태어났지만 사람들은 기쁨으로 맞아 주었다. 이제 머지않아 우리는 이 세상을 떠나게 된다. 그날 우리는 아름다운 세상을 만드는 데 일조한 기쁨으로 세상을 떠나고, 남아 있는 사람들이 감사하고 아쉬워하는 눈물을 흘릴 수 있는 복된 생이 되도록 최선을 다하라.

로제타 홀의 꿈

19세기 말, 미국인으로 조선 선교의 뜻을 세운다는 것이 그리 쉬운 일은 아니었을 것이다. 더욱이 여성이 그때까지 아무도 시도하지 않은 맹인 교육에 뜻을 둔다는 것은 상상하기조차 힘들다. 그러나 당시 25세였던 젊은 여의사 로제타 홀은 평양에서 두 맹인 여아를 보고 그들을 교육하기로 뜻을 세웠다.

당시 조선에서는 장애인 교육, 특히 여성 교육은 거의 전무한 상태였다. 그렇게 열악한 환경이었지만 홀은 지체하지 않았다. 몇 달 동안 배를 타고 고향인 뉴욕으로 돌아가 점자를 배우고 다시 평양으로 와서 두 맹인 여아를 교육시켰다. 처음에는 개인적으로 지도하다가 정진소학교에 입학시켜 정안인 학생들과 통합교육을 시키기에 이르렀다.

ROSETTA SHERWOOD HALL

로제타 홀_ 한국에서 가장 오랫동안 선교활동을 펼쳤던 의료선교사. '경성 여자 의학 전문학교'를 창설, 여의사를 양성했으며, 맹인 사역에 큰 업적을 남겼다. 홀의 아들인 셔우드 홀은 국내에 결핵 요양원을 최초로 설립하고, 크리스마스 실 등을 판매해 결핵 퇴치운동을 벌였다. 그는 또 한국인 여성과 최초의 국제결혼식을 올릴 정도로 한국과 한국인에 대한 사랑이 각별했다. 홀 여사가 세운 경성 여자 의학 전문학교는 고려대학교 의과대학의 모체가 됐다.

한국에서는 오늘날도 맹인의 일반학교 통합교육이 이루어지지 못하고 있는데 이미 100여 년 전에 성공한 사례가 있는 것이다.

동북부 기반의 꿈

젊은 날 고등 교육사 강의실에서 "동북부 기반"Northeastern Establishment이라는 말을 처음 접했다. 이는 동북부 지방에서 명문고교, 명문대학을 다니며 친구들과 배우자를 사귀고, 졸업 후 정부 기관, 관공서, 대기업 등에 취직해서 자리를 잡는다는 말이다. 경제와 금융의 중심인 뉴욕, 수도 워싱턴, 교육과 문화의 도시 보스턴과 필라델피아 등이 동북부 지방에 소재해 있을 뿐만 아니라, 아이비리그 명문대학들과 뉴잉글랜드 16대 명문 대학 준비학교들이 모두 동북부 지방에 있기 때문에 이런 말이 나온 것이다.

이 동북부 기반이라는 말은 내 인생에 커다란 영향을 끼쳤다. 고국에 돌아가려던 계획을 접고 미국에 정착해 명문가를 세워야겠다는 뜻을 세운 직후였기 때문이다.

나는 박사학위를 취득할 때까지 "명문가는 만들어진다."는 생각을 하지 못했다. 그저 시골에 태어난 데다 부모님마저 일찍 돌아가신 환경을 탓했을 뿐이다. 그런데 박사 학위 수여식을 3주

앞둔 1976년 4월 3일, 벤두손 피츠버그대 재정부총장이 내 생각을 바꾸어 주었다. 새로운 세상과 미래를 보게 해준 것이다.

부총장은 "위대한 가문은 만들어진다."고 하면서 "이제 박사도 되었고 훌륭한 아내와 영특한 아들도 있으니 함께 명문가를 만들어 보라."고 했다. 그러면서 자신도 가문에서 최초로 대학을 나왔고, 노스이스턴 법대에서 공부할 때는 학비를 벌면서 공부해야 했다고 했다. 그 한마디가 내 인생을 바꾸는 전환점이 되었다.

나는 한국에서 태어나 성장하고 교육을 받았으니 동북부 기반을 잡기는 이미 때가 늦었지만, 세살박이 진석이와 갓난 진영이는 가능하겠다고 생각했다. 그때 만약 위대한 가문 건설이라는 꿈을 품지 않았더라면 동북부 기반이란 말은 나에게 무의미했으리라.

같은 강의 시간에 미국 최초의 대학준비학교인 필립스 아카데미 양교 건학이념 "나 자신을 위해서가 아닌"도 알게 되었다. 결론은 한 가지였다. 두 아들을 필립스 아카데미에서 교육시키고 아이비리그 대학에 보내면 되는 것이다. 그러면 장차 진석이와 진영이는 좋은 친구들도 사귀고, 하나님의 영광을 위하여, 지역사회와 국가와 세계를 위하여 자신이 가진 최선의 것을 줄 수 있는 질 좋은 교육을 받게 될 것이라는 믿음이 생겼다.

생각이 여기까지 미치니 두 아들의 교육에 대한 청사진과 함께 향후 14년에서 25년 동안 부모로서 무엇을 어떻게 해야 할 것인지 분명한 계획이 세워졌다. 요컨대 아들들 교육에 관해 분명한 뜻을 세우고 나니 그 뜻을 이룰 수 있는 절차와 방법도 보였던 것이다.

자산에 근거한 사회 정책 Asset Based Social Policy

2004년 2월 9일 제브 부시 플로리다 주지사의 기조연설을 들을 기회가 있었다. 그는 연설 가운데 "자산에 근거한 사회 정책"을 언급하면서 미국을 위시해 캐나다, 영국 등 OECD 국가들에서 이를 실시하고 있다고 했다. 내용을 들어보니 놀랍게도 우리 내외가 두 아들을 명문 사립 고교와 대학에 보내기 위해 저축하고 투자했던 아이디어가 사회정책이 된 것이었다.

우리 부부는 25년 전 두 아들이 동북부 기반을 이루게 하기 위해 두 아들의 이름으로 저축을 시작했다. 그런데 자산에 근거한 사회 정책도 이와 비슷했다. 매달 일정 액수를 정부가 지원해 주는데, 독립적인 통장을 열어 주고 개별화된 목적을 설정하게 해서 그 목적 달성을 위해 저축하게 하는 것이었다. 이 정책은 무엇보다도 수혜자들의 자존감과 자신감과 독립심을 높여 여러 나라에서 대성공을 거두고 있다고 했다.

처음에는 우리도 단순히 아이들을 명문 사립 고교에 보내기 위한 학자금을 준비하는 것이 목적이었다. 그로부터 25년 후인 2001년 5월, 진영이가 듀크법학전문대학원을 졸업하게 되니, 두 아들을 명문 사립 고교에서 대학원까지 교육시키기 위한 엄청난 액수의 학비와 생활비를 마련하겠다는 목적이 달성되었다. 동북부 기반의 교육적 터전이 마련된 셈이었다.

하지만 우리가 생각 못했던 엄청난 파급효과도 있었다. 무엇보다도 "대학기금"이란 이름만으로도 어린 시절부터 대학은 장차 가야 하고, 좋은 대학을 가기 위해서는 많은 돈이 필요하다는 것을 알게 하여, 대학에 대한 기대감과 돈을 도구적 가치관으로 생각하는 비의도적 학습이 이루어졌다. 뿐만 아니라 매년 세금 보고를 하고 저축에서 나오는 이자 수익과 투자에서 오는 이윤을 계산하고 절세하는 방법도 배우게 되어 훌륭한 경제교육 도구도 되었다. 자산에 근거한 사회정책의 효과인 자긍심, 자신감, 독립심 등의 발달은 미처 생각하지 못했는데 아마 그러한 간접효과도 있었을 것이다.

이와 같이 대성공을 거두는 공공정책도 평범한 사람들에게서 시작되는 경우가 많다. 큰 꿈을 가지라. 그러면 그 꿈을 성취하는 수단과 방법도 찾게 될 것이다. 우리 내외가 미국 땅에 도착할 때 수중에는 2백 달러뿐이었다. 하지만 큰 뜻을 세우고 두 내외가 열심히 일하고 절약하고 저축해서 명문가를 만들었다. 당신도 할 수 있다!

더 좋은 문이 열리기 위해 하나의 문이 닫힐 수도 있다

최선을 다하고 절대자 하나님께 기도해도 닫힌 문이 열리지 않아 앞으로 한 발자국도 전진할 수 없는 상황에 직면할 수도 있다. 내 인생 역정에서도 그런 때가 두 번 있었다.

한번은 소년 시절 외상에 의한 망막 박리로 실명해 가고 있을 때였다. 문자생활도 불가능하게 되고 일상생활 일거일동도 어려워졌다. 하지만 현대의학으로 실패한 후 눈물로 하나님께 시력을 회복시켜 달라고 기도했으나 응답받지 못했다. 결국 그 문은 영영 열리지 않았지만, 실명을 축복으로 감사하며 남은 생을 보람 있게 살아갈 수 있는 더 좋은 문이 열렸다.

또 한번은 박사학위를 받고 고국에 있는 대학 강단에서 후진들을 가르치는 문이 닫혔을 때였다. 하지만 그것은 한시적이었다. 미국에서 더 좋은 문이 열린 후 대구대학교에서 개척자의 사명을 다할 수 있는 문이 열렸던 것이다. 그때 만약 내 뜻대로 고국으로 가는 문이 활짝 열렸다면, 나는 그 문을 통과하여 전혀 다른 생을 살아왔을 것이다. 하지만 그 문이 닫혔기에 오늘날 세계 시민이 되어 고국을 위해서 헌신적인 봉사를 할 수 있게 된 것이다.

그러므로 인생 역정에서 하나의 문이 닫히고 그 통로가 막혔다고 실망하고 낙심하지 말라. 대신 인내심을 가지고 더 좋은 문이 열릴 때를 기다리라.

장애인의 모델 사도 바울

사도 바울에게도 문이 닫혔을 때가 있었다. 그가 육신의 가시, 곧 사탄의 하수인으로 표현한 불치의 병 때문이었다. 그것이 무슨 병인지는 확실하지 않지만 많은 신학자들이 간질로 추측하고 있다. 상상해 보라. 그것이 간질이라면 현대처럼 그 병을 조절할 수도 없을 때 하나님의 영광을 가리고 전도의 문을 닫는 결과를 초래했을 것이 분명하다.

그럼에도 그것을 제거해 달라는 기도에 하나님은 "No" 하셨다. 그리고 사도 바울이 하나님의 도구로 크게 쓰임받을 수 있는 더 좋은 문을 열어 주셨다. 육신의 가시를 제거해 주시지 않은 하나님을 원망하고 불평하는 대신 "하나님의 은혜가 내게 족하다. 하나님의 권능은 나의 약함 속에서 온전해진다."라는 진리를 깨달을 수 있는 문이 열린 것이다.

성경을 통해서 바울은 오늘날 우리에게도 육신을 가시로 찌르는 고통이 있을 때라도 항상 기뻐하고 범사에 감사하라고 외칠 수 있다. "나 역시 육신의 가시가 있었지만 그렇게 할 수 있었다."고 하기 때문에 그 메시지가 더욱 강한 힘을 발휘한다.

당시 사도 바울은 받은 축복이 많아 자고하지 말라고 불치의 병을 그대로 두신 것으로 해석했다. 그러나 그것은 자신에게만 제한한 해석이었다. 그 문이 닫힘으로 2천년 후 온 인류를 위해 더 좋은 문이 열렸다. 바울 개인의 한 문이 닫힘으로 장차 온 인류를 위해 열릴 새 문이 있음을 사도 바울 자신도 예측하지 못한 것이다.

유대교와 기독교가 문화적 가치의 중심이 되는 서양에서는 죄에 대한 벌로 불행과 고통이 온다는 사상이 지배적이다. 그래서 가정에 장애아가 태어나면 "부모가 무슨 죄를 지어서일까?" 하고 생각하는 것이 보통이다. 중도에 사고나 질병으로 장애인이 되었을 때에도 죄의식에 스스로를 학대하는 경우가 많다. 물론 죄로 인해 장애가 오는 경우도 많다. 하지만 사도 바울과 같은 의인들도 사고나 질병으로 인해 장애인이 되고 있다.

2000년 인구조사에 의하면, 미국 인구 20.6%에 해당하는 5천 4백만이 장애인이라고 한다. 전 세계적으로는 6억에 달하는 인구가 장애를 가지고 있다. 설상가상으로 그들의 85%는 개발도상국에서 가난을 비롯한 온갖 역경과 싸우고 있다. 하지만 그들

대부분은 죄에 대한 벌이 아니라 다른 원인으로 장애인이 된 것이다.

죄 없이 장애인이 된 사도 바울을 보라. 그와 같은 의인에게도 장애가 발생할 수 있다. 사도 바울 생전에는 좁은 전도의 문이 닫히는 것 같았지만, 오늘날 세계 6억에 대한 선교의 문이 활짝 열리게 되었다. 죄로 인간을 억압하고, 장애인들에게 정신적 부담을 준 것이 아니라, 모든 사람에게 자유와 평등과 사랑을 가르치는 기독교를 선포하는 큰 문을 여는 도구가 된 것이다. 뿐만 아니라 사도 바울과 동일시하면서 많은 장애인들과 그 가족들이 위로를 얻고 희망찬 미래를 향한 다른 문을 통과할 용기를 얻게 되는 것이다.

서양 문화와는 달리 유교 영향을 많이 받은 동양권에서는 체면 때문에 실패, 장애 또는 불행이 오면 수치로 느낀다. 죄의식이 아니라 수치심을 느끼는 것이다. 그러다 보니 눈에 보이는 장애일지라도 가능하면 숨기려 한다. 눈에 보이지 않는 장애는 더욱 말할 것도 없다.

그런데 사도 바울은 자신의 장애를 유대인들처럼 죄에 대한 벌로 생각하지도 않았고 동양 문화권 사람들처럼 수치스럽게 생각하지도 않았다. 그것을 제거해 달라는 기도를 응답받지 못해 사도로서 체면이 안 섰을 텐데도 그것을 숨기지 않고 만천하에 자랑했다. 그것이 사도 바울을 위대하게 만들었고 새로운 역사 창조가 이루어지게 했다.

이상은 1991년 바티칸시 로마교황청에 세계 대표 9천 명이 모인 데서 공식적으로 채택 선포된 해석이다. 미국 기독교 연합을 위시한 개신교에서도 대체적으로 그 해석을 공감하고 있다.

닫힌 문을 너무 오랫동안 쳐다보지 말라. 뒤통수에 열려 있는 더 좋은 문을 볼 수 없게 될 수도 있기 때문이다. 이를 무엇보다 잘 표현하고 있는 듯하여, 남북전쟁에서 장애인이 된 남군 소속 무명의 용사가 쓴 기도문으로 이 장을 마치고자 한다. 무명용사의 기도문은 지난 사반세기 동안 나 자신의 기도문이기도 했다.

이상으로 책머리에서 제기한 두 가지 질문, "남은 생을 어떻게 살 것이며, 자녀는 어떻게 양육할 것인가"에 대한 답을 얻는 데에 조금이라도 도움이 되었기를 바란다.

어느 무명용사의 기도문

힘이 센 강한 사람이 되게 해달라고 기도했습니다.

그러나 약자 되게 하시어 겸손히 순종하는 법을 배우게 해주셨습니다.

부자가 되어 행복하게 살게 해달라고 기도했습니다.

그러나 가난한 사람으로 지혜롭게 인생을 살도록 해주셨습니다.

권력 있는 강자로 사람들의 찬사를 들으며 살게 해달라고 기도했습니다.

그러나 약한 자가 되게 하시어

하나님을 의지하는 신앙인으로 살게 해주셨습니다.

인생을 마음껏 즐길 수 있는 모든 것들을 다 달라고 기도했습니다.

그러나 모든 것을 즐기고 감사할 수 있는 생명을 주셨습니다.

내가 하나님께 간구한 것은 아무것도 받은 것이 없습니다.

그러나 마음속에서 희망했던 것은 모두 받았습니다.

나 자신의 모습 그대로

나는 하나님의 축복을 가장 많이 받은 사람 중 하나라고 고백하고 싶습니다.

06 나의 아름다운 꿈은 이렇게 실현되고 있다
_ 강진석, 의학박사, 듀크대학교 안과 전문의

07 나의 가족, 나의 영웅!
_ 강진영, 법학박사, 백악관 입법 특별 보좌관

Part _ 2
진석, 진영의 아름다운 세상

나의 아름다운 꿈은 이렇게 실현되고 있다

_강진석, 의학박사, 듀크대학교 안과 전문의

미국에서 의과대학은 대학원과정으로(일부 학부와 의과대학을 같이 연결한 학교를 제외하고), 학부 이후 4년간과 그 후 레지던트와 펠로우십으로 3년에서 12년간의 헌신이 필요하다. 의과대학을 졸업하고 나면 일반의사가 된다. 이 후 선택에 의해 전문의 자격을 딸 수 있다.

제 꿈은 아버지로부터 시작되었습니다. 아버지가 "공부해라, 의사가 되라, 박사가 되라!"고 강요하셨다는 것이 아닙니다. 제 꿈은 아버지의 장애로부터 시작된 것입니다. 저희 아버지는 시각장애인입니다. 그런 아버지를 둔 때문인지, 어려서부터 전 아버지를 어떻게든 돕고 싶어했습니다.

아주 어렸을 적에는 줄곧 아버지가 볼 수 있게 해달라고 기도했습니다. 초등학생이 되어서는 아버지가 어머니한테 의존하지 않고 원하시는 곳을 가실 수 있도록 도와드리고 싶었습니다. 그래서 훌륭한 과학자가 되서, 말만 하면 어디든지 아버지를 모셔다 드릴 수 있는 자동차를 만들어 드리겠다고 다짐하기도 했습니다.

그러다 한 살, 두 살 나이를 먹으면서 저 자신에 대해서 알아갔고, 진정 제가 원하는 것이 무엇인지도 알게 되었습니다. 그때 가졌던 저의 꿈, 안과의사가 되어서 아버지의 눈을 고쳐 드리겠다는 꿈은, 필립스 아카데미를 거쳐 하버드에 진학했을 때도, 그리고 인디애나대학 의대를 졸업하는 그날에도 늘 저와 함께했습니다.

그러기를 십수년, 마침내 어렸을 적의 작은 꿈이 이제는 현실이 되어 얼마 전 듀크대학병원에서 안과 전문의로 레지던트를 끝냈습니다.

"아무리 무료하고 짧은 여정에도 기억에 남을 만한 이야기들은 있다는데, 나는 과연 어떤 이야기를 만들며 살아왔을까?"

이제 어른으로서 인생에 발을 디딘 지 얼마 되지 않지만, 짧지 않은 30년이란 제 삶을 뒤돌아보며 생각에 잠깁니다.

어떻게 내가 여기까지 왔는가?

무엇이 한낱 어린아이의 꿈을 현실로 만들었는가?

지금까지 나는 과연 무엇을 배웠는가?

"이야! 좋은 고등학교, 좋은 대학 나와서 의사가 되었다니, 성공했네!"라고 말씀하시는 분들도 있겠지만, 제 삶은 빛나는 성공의 연속이 아니었습니다. 좌절과 성공, 눈물과 미소들로 가득한 여행, 그것이 바로 저의 삶이었습니다. 곰곰이 생각해 보면, 제 성공은 제가 똑똑해서만 이루어진 것이 아니라, 재능, 실패에도 굴하지 않고 늘 다시 도전할 수 있었던 의지, 가족들의 배려와 후원, 그리고 약간의 운이 조화롭게 어우러져 만들어진 하나의 작품입니다.

제 이야기에서 "이렇게 하면 성공을 할 것이다."라는 비법을 찾으려고 하지는 마십시오. 제 삶은 한 사람이 자신의 능력을 최대로 개발했을 때, 그리고 그가 든든한 후원자들에 둘러싸여 있을 때, 덧붙여 약간의 운이 따를 때 일어날 수 있는 멋진 일 중 한 예에 불과할 뿐입니다.

부모님은 늘 제가 특별한 아이라고 하셨습니다. 부모님 말씀으로는, 저는 10개월 때 말을 시작했고, 11개월 때 걸었다고 합니다. 그 나이에 있었던 일을 다 기억할 수는 없지만, 아직도 제가 기억하는 건 부모님이 저를 늘 영재라고 불러 주신 것입니다. 그리고 첫 아이를 둔 다른 부모님들처럼 똑똑한 아들의 천재적인 재능을 즐겁게 자랑하셨던 것도 기억하고요.

제 천재성을 개발해 주시기 위해 아버지는, 제가 아주 어렸을 적부터 여러 가지 공부를 시키셨습니다. 그중 한 가지는 영어, 한국어, 스페인어, 히브리어로 하나부터 열까지 세는 것이었습니다. 손님들이 오실 때마다 손가락을 하나하나 꼽아가며 자랑스럽게 숫자를 세는 저를 보며 즐거워하시던 아버지의 모습은

30살이 넘은 지금도 저를 미소 짓게 만듭니다. 아마 집안 어딘가를 잘 뒤져보면, 그때 그 시절 숫자를 열심히 세고 있는 제 목소리를 녹음해 둔 먼지 쌓인 테이프가 있을지도 모른답니다.

제가 처음으로 정식 교육을 시작한 곳은 인디애나 주 먼스터의 이드 초등학교James B. Eads Elementary School입니다. 처음 학교에 들어섰을 때 제 목표는 "공부를 열심히 하자"가 아니었습니다. 물론, 다른 한국 부모님들처럼 저희 부모님도 공부의 중요성을 강조하시지 않은 것은 아니지만, 진득하게 앉아서 공부에 집중하기에는 제 호기심을 자극하는 신기한 것들이 너무나도 많았습니다.

제가 가장 좋아한 과목은 체육, 음악, 미술, 산수였는데, 산수가 재미있다거나 산수에 특별한 재능이 있어서 좋아했던 건 아니었습니다. 그때 선생님은 산수 시험을 볼 때면 책상 위에 시계를 놓고 시간을 재셨는데, 전 그저 그게 좋았습니다. 어렸을 대 저한테 중요한 건 얼마나 시험지를 빨리 선생님 책상 위에 올려놓느냐 하는 것이었습니다. 답이 맞든지 틀리든지, 시험지를 받고 나서 선생님의 "자! 시작하세요!"라는 말이 떨어지면 친구들과 저의 시합이 시작되는 것이었습니다. 우리에게 산수 시험은 산수 시험이 아니라, 책상에 앉아서 하는 또 하나의 달리기 경주와 마찬가지였습니다. 초스피드로 연필을 움직여 누가 제일 먼저 다 쓰나 하는 그런 거였죠.

당연지사, 성적표가 나오는 날은 진석이의 행복 끝, 부모님의 설교 시작이었습니다. 초등학교를 다니는 내내 저는 늘 비슷한 내용을 담은 성적표를 들고 왔는데, 성적은 보통보다 조금 높은 점수, 행동발달은 평균, 그리고 부모님께 드리는 선생님의 말씀란에는 늘 "진석이가 너무 떠들어요. 수업 시간에 집중은 안하고 친구들과 장난을 많이 칩니다."라고 쓰여 있곤 했습니다.

이런 성적표를 받아 보고 교육자이신 부모님의 기분이 좋으실 리는 없었고, 덕분에 두 분의 잔소리 아닌 잔소리, 교육의 중요성에 대한 설교가 시작되곤 했었는데, 초등학교 5년, 그리고 중학교에 올라간 후에까지 귀에 못이 박히도록 들었던 두 분의 말씀을 이해하고 깨달음을 얻기엔 전 너무 어렸었나 봅니다.

제가 초등학교 2학년 때 있었던 일입니다. 미국의 초등학교에는 매년 학부모와 선생님의 면담이 있는데, 참석하신 부모님들은 아이들의 과제물이나 미술 작품들을 감상도 하시고 담임선생님과 아이들의 학교생활에 대해 이야기를 나누시기도 하는 시간입니다.

부모님이 교실문을 열고 들어오시면, 선생님은 아이들의 책상을 찾아 앉아 주십사 부탁을 하시는데, 잠깐 제 자리를 찾아 두리번거리시던 어머니는 맨 앞줄, 선생님 책상 바로 옆, 다른 아이들로부터 멀리 떨어져 있는 제 책상을 발견하시고 뿌듯한 맘으로 자리에 앉으셨다고 합니다. 처음에 어머니는 반에서 가장 똑똑하고 열심히 공부하는 학생을 맨 앞자리에 앉힌 거라고 생각하셔서 정말 기분이 좋으셨대요.

하지만 기쁨도 잠시, 어머니와 면담을 하기 위해 곁으로 오신 선생님은 왜 제 자리가 다른 학생들과 멀리 떨어진 곳, 선생님 바로 옆에 위치하고 있는지 이유를 설명해 주셨다고 합니다. 이유인즉슨, 제가 다른 학생들과 떠들어서 수업을 방해하는 걸 막으려는 한 방편으로 그렇게 하셨다는 겁니다.

이런 이유로, 그리고 성적표를 받아올 때마다 실망하셨을 법도 한대, 부모님은 늘 저를 격려해 주셨습니다. 두 분의 잔소리 아닌 잔소리 뒤에는 성적에 대한 걱정보다 공부에 임하는 저의 태도에 대한 걱정이 더 크셨고, 뒤돌아서면 언제 그랬냐는 듯이 제자리로 돌아가 꼭 같은 성적표를 들고 돌아오는 저를 포기하지 않으시고 늘 사랑으로 격려해 주셨습니다.

미국에서는 매년 학습능력 적성시험을 실시합니다. 이 시험을 통해 각 학교가 학생들을 얼마나 잘 교육시키고 있는지를 확인하고, 각 학생들의 능력을 평가해서 특출한 학생들을 뽑아 영재학급에 배정시키는데, 저는 초등학교를 다니는 동안 이 시험을 잘 본 적이 없었습니다. 그래서 저는 제 재능을 의심하고 믿지 못했지만, 아버지는 포기하지 않으셨습니다.

제가 영재라고 굳게 믿고 저를 영재학급에 넣겠다고 결심하신 아버지는 학교를 찾아가 "진석이의 발달 과정"에 대한 프레젠테이션을 하시며 제가 영재인 것을 증명하기 위해 안간힘을 쓰셨습니다. 하지만 학교 측에서는 저를 그냥 평균 이상의 능력을 가진 보통 학생이라고 할 뿐이었습니다.

보통 사람이었으면 이쯤에서 포기했을지도 모릅니다. 하지만 아버지는 보통 사람이 아니었습니다. 끈기와 집념으로 지금의 자리에 서 계시는 아버지의 자식 교육 열정은, 성공을 향한 당신의 그 열정보다 더 대단한 것이었습니다. 마지막 방법으로 아버지는 학교에 IQ테스트를 요청하셨는데, 놀랍게도 IQ테스트에서 저는 평균을 훨씬 넘어서 영재아로 판명이 났던 것입니다.

지금 돌아보면, 그때 그 경험이 제 인생을 바꾸는 커다란 계기가 되지 않았나 싶습니다. 자기 자신은 고사하고 세상 물정조차 모르는 어린 시절에는 주위 사람들이 부여해 주는 "나의 가치"를 그대로 받아들이게 됩니다. "똑똑한 아이다, 착한 아이다, 훌륭한 아이다" 칭찬을 받고 자란 아이는 자신감을 가지게 되고, 홀대받고 비난받으며 자란 아이는 평생 자신의 가치를 잃어버리고 살게 됩니다. 특히 주위환경에 민감하고 감수성이 예민할 때 부모와 주변 환경이 아이에게 미치는 영향은 엄청나서, 이 시기에 길을 잘 잡아 주고 자신감을 심어 주면, 성공으로의 길을 열어 주는 결과를 가져올 수 있는 것입니다.

예를 들어, 만약 부모님이 중간에 저를 포기하고 그냥 학교 측의 말대로 저를 영재학급 대신 일반학급에 넣었다면 어떻게 되었을까요? 아마도 저는 선생님들의 말을 그대로 믿게 되었을 겁니다. 그래서 영재아의 능력을 가지고도 그걸 모른 채 "나는 평균보다 조금 나아."라는 생각으로 평생을 살았을 것입니다. 또한 나 자신에 대해 확신을 가지고 원하는 바를 이루어 나가는 자신감 대신, 도전을 두려워하며 현실에 안주해 버리는 그런 사람이 되어 있을지도 모릅니다.

그러나 하나님의 은총으로, 제가 자신을 믿지 못할 때 제 능력을 믿고 격려해 주시는 부모님 아래에서 자랐습니다. 부모님의 격려와 믿음으로 전 자신을 믿게 되었고, 두 분의 노력으로 전 제 능력을 마음껏 펼칠 수 있는 환경, 마음을 열고 생각하고 스스로를 개발하며 도전할 수 있는 환경에서 공부할 수 있게 되었습니다. 두 분의 믿음과 배려가 제 꿈의 기반이 되었고, 도구가 되어 지금의 저를 만든 것입니다.

말썽꾸러기로 가끔씩 혼이 나는 것을 제외하고는, 제 어린 시절은 행복하고 즐거운 기억들로 가득합니다. 호기심이 많아서 늘 새로운 것을 찾았고, 새로이 발견한 것들에 도전하기를 즐겼습니다.

새로운 환경에 겁나하고, 모르는 것들을 두려워하는 건 어른이나 어린이나 마찬가지일 겁니다. 어린아이의 경우에는 조금 더 심하죠. 하지만 어린아이에게는 호기심이라는 게 있습니다. 누구도 쉽게 만족시킬 수 없는 호기심 말입니다. 여기서 부모님의 역할은 그런 호기심을 장려하고 자녀의 용기를 북돋아 주는 것입니다.

부모님은 늘 "해보기 전까지는 모르는 일이야."라고 말씀하시곤 했습니다. 가슴속 깊이 자리잡은 부모님의 그 말씀은 어느새 제 모토가 되어, 도전정신의 원동력으로 새로운 능력을 발견하고 개발하는 데 힘이 되었고 새로운 취미들을 즐기게 해주었습니다.

어린 시절, 늘 새로운 것을 찾아 도전하게 해주셨던 부모님 덕분에 저는 바이올린을 배웠고, 교회 성가대에서 찬양을 드렸고, 학교 연극에 출연하기도 했으며, 컵스카우트로 활동하기도 했고, 각종 스포츠 경기에서 맹활약을 펼칠 수도 있었습니다.

앞에서 제 성공의 비결 중 하나를 "재능"이라고 얘기했습니다. 꿈을 이루기 위해서는 재능이 있어야 하고 능력이 있어야 합니다. 이런 얘기를 들으면, 많은 분들은 벌써 한숨을 쉬시며 재능은 타고나는 것이라고 하실지도 모릅니다. 하지만 제 생각은 조금 다릅니다. 재능, 능력은 완전히 타고나는 것이 아니라는 것입니다. 물론, 어느 정도의 유전적 요소를 부인할 수는 없습니다. 하지만 태어나자마자 자신의 능력이 무엇인지 아는 사람은 아무도 없습니다. 그리고 이제 막 눈을 떠서 할 줄 아는 것이라고는 우는 것이 전부인 아기에게, "넌 이런 능력이 있어."라고 얘기해 주는 사람도 없습니다.

그러면 과연 어떻게 아이의 숨어 있는 재능을 찾아낼 수 있을까요? 어떻게 아이가 앞으로 훌륭한 과학자가 될 자질을 타고났는지, 뛰어난 수영 선수가 될지, 유명한 건축가가 될지 알 수 있을까요?

능력을 측정하는 방법에는 적성검사나 지능검사를 포함해서 여러 가지가 있겠으나, 가장 실용적이고 중요한 방법은 경험입니다. 연필을 잡고, 컴퓨터 키보드를 두드리고, 마우스를 눌러서 수십 가지의 테스트를 한다고 해도, 막상 붓을 잡고 하얀 캔버스를 색색으로 칠해보기 전까지는 재능 있는 화가가 될 수 있는지 없는지 알 수 없는 법입니다. 아이를 성공적으로 교육하기 위해서는, 부모가 앞장서서 아이가 다양한 직간접 경험을 할 수 있게 해주어야 합니다.

아이의 재능과 능력을 알고 난 후, 그 재능을 받아들이고 발전시키는 것 또한 부모의 역할입니다. 모든 사람들이 다 같은 능력을 가지고 태어나는 것은 아닙니다. 산수를 잘하는 아이가 있으면, 체육을 잘하는 아이가 있고, 요리를 즐기고 잘하는 아이가 있으면, 현미경을 들여다보고 책 읽기를 좋아하는 아이가 있는 법입니다.

어떤 한 능력이 다른 능력보다 더 좋다고 할 수는 없습니다. 부모가 어떤 재능을 더 좋다고 생각해서, 그 재능이 부족한 아이를 밀어붙이고 다그쳐서는 안 됩니다. 그런 경우, 부모의 노력은 오히려 아이에게 악영향을 미쳐 본인의 재능을 찾기 위해 노력하고 그 재능을 개발하는 대신, 아이는 자신감을 잃고 본인의 잠재력을 다 개발하지 못하고 마는 경우가 생기기 쉽습니다.

저는 저에게 많은 재능을 주신 하나님께 늘 감사를 드립니다. 하지만 부모님의 도움이 없었다면, 저는 그 많은 재능들을 발견하지도, 발전시키지도 못했을 것입니다. 초등학교를 다니는 동안 제가 배운 가장 중요한 것들은, 책에 나온 것들이나 수업 시간에 배운 것들이 아닙니다. 제 인생의 밑바탕이 되어 주고, 어려울 때 힘이 되어 주는 가르침들은 저 스스로를 믿도록 가르쳐 주신 부모님께 얻은 것이었습니다.

저는 중학교에 올라가고 나서야 공부를 잘하기 시작했습니다. 늦게 철이 들은 것이었는지는 잘 모르겠지만, 성적도 부쩍 올랐고 모든 것이 안정되기 시작했습니다. 당시에는 학교에서 경시대회가 많았는데, 워낙 경쟁심으로 똘똘 뭉쳐 있던 저는 그 좋은 기회들을 놓칠 수 없었습니다. 특히 수학경시대회의 학교 대표로 뽑힌 이후 경시대회에 더 관심을 가지게 되었고, 학문적인 성공에서 오는 자부심이라는 것도 처음으로 느껴 볼 수 있었습니다.

그러던 어느 날, 새로운 경시대회 팀이 만들어진다는 소식을 접하게 되었습니다. 저는 신이 나서 집으로 달려갔습니다. 새로운 것에 도전할 기회가 생겼다는 즐거움보다는, 저도 다른 아이들처럼 아버지와 무엇인가를 함께할 수 있을 것이라는 기대감에 더 신이 났던 것 같습니다. 늘 저를 격려해 주고 사랑으로 감싸 주는 아버지셨지만, 어린 마음에 항상 아쉬움으로 자리잡고 있었던 것은, 아버지가 다른 아이들의 아버지처럼 같이 공놀이를 해주지 못하고 스카우트 활동에 참여해 주지 못하신다는 것이었습니다. 이런 와중에 경시대회 팀이 생긴다는 말이, 그리고 코치가 필요하다는 말이 어찌 그리도 신나던지, 스쿨버스를 타고 집으로 향하던 하교길이 그리도 멀게 느껴진 건 그날이 처음이었던 것 같습니다.

집에 들어선 저는 흥분을 겨우겨우 가라앉히고 장난기가 가득한 목소리로 아버지께 물었습니다.

"아버지, 오늘 학교에서 들은 건데, 새로운 팀이 생긴데요. 그래서 코치가 필요하다는데 아버지가 해주실 수 있으세요?"

장난기가 발동한 저는 어떤 팀이라고 일부러 자세히 설명을 안 드렸고, 영문을 모르시는 아버지는 부드러운 목소리로 거절하셨습니다. 하지만 아버지의 거절에도 실망하는 기색 하나 없는 것이 신기하셨는지 다시 어쩐 일이냐고 반문을 하셨습니다. 그제서야 저는 "미래 문제 해결팀"future problem solving team과 경진대회에 관해 자세히 설명을 드렸습니다.

제 설명이 채 끝나기도 전에, 저만큼 즐거움과 앞으로 함께할 우리들만의 시간에 대한 기대를 숨기지 못하시고 아버지는 흔쾌히 제 부탁을 들어주셨습니다. 그리고 그 결과는 우리의 기대 이상이었습니다. 아버지는 퇴근 후 매일 팀 미팅을 주관해 주셨고, 그런 아버지의 지도 아래 우리 팀은 2년 연속 주정부 대표를 뽑는 경시대회에 참여할 수 있었습니다.

초등학교를 다니는 동안 피웠던 말썽들 때문에 속이 많이 상하셨던 부모님의 걱정을 조금이라도 덜어드리기 위해서였는지, 그 이후의 제 학교생활은 정말 순탄하기 그지없었습니다. 고등학교 1학년 때에는 학생회 간부였고, 육상부에서 높이뛰기 선수로 활약했으며, 전교 4등이라는 석차를 자랑하고 있었습니다.

"나도 할 수 있다!"라는 자기 만족감으로 고등학교 시절을 즐기고 있던 어느 날, 동부에 자리하고 있는 명문 사립학교 필립스 아카데미를 접하게 되었습니다. 그때부터 그 학교에 들어가 전 세계에서 모인 뛰어난 학생들과 경쟁하며 함께 공부하고 싶다는 욕심이 생기기 시작했습니다. 어렸을 때부터 아버지가 말씀해 주셨던 그 학교가 내 손에 들려 있는 카탈로그 속에서 펼쳐졌을 때, 저는 벌써 그 학교의 천체관측소에서 별을 보고 있었고, 30개의 스포츠팀 중 하나에 들어가 맹활약을 하고 있었으며, 학교에서 가르치는 8가지 외국어 중 하나를 유창하게 구사하고 있었습니다.

"과연 내가 그 학교에 가서 성공할 수 있을까? 입학은 할 수 있을까?"에 제 생각이 다다랐을 때, 어려서부터 늘 부모님이 해주시던 말씀이 머리를 울렸습니다. "해보기 전에는 알 수 없는 거잖아?"

그 도전정신 하나로 저는 그 해에 입학시험을 치르고 필립스 엑서터 아카데미에서 공부할 기회를 얻게 되었습니다. 당시 저는 시험을 통과했다는 기쁨에 앞으로 내려야 하는 커다란 결정은 생각도 못하고 있었습니다. 우선은 시험을 통과해야 하는 게 급선무였던지라, "정든 부모님 곁을 떠나 내가 여태까지 알고 있었던 모든 것들, 지금껏 쌓아왔던 모든 것을 버리고 처음부터 다시 시작하겠는가?"에 대한 결정을 해야 한다는 것을 생각지도 못하고 있었던 것이었습니다.

"해보기 전에는 알 수 없는 거잖아?"

합격 통지서를 손에 들고 앞으로의 진로를 생각하며 며칠을 고민하던 끝에, 저는 엑서터라는 새로운 학교에서 새로운 탑을 쌓기로 마음먹었습니다. 부모님과 어린 시절의 추억들이 가득 담긴 먼스터를 뒤로 하고 조금 더 큰 강으로 옮겨가 제 능력을 시험해 보기로 한 것입니다.

새로운 학교, 새로운 생활에 적응하는 것은 쉬운 일이 아니었습니다. 처음 몇 학기를 필립스 엑서터 아카데미에서 보내면서, 제가 내린 결정을 한 번도 후회해 본 적이 없었다면 거짓말일 겁니다. 이전 학교에서는 늘 똑똑하다는 소리를 들었고, 장래가 촉망되는 뛰어난 학생이었는데, 새 학교에서 저는 아무것도 아니었습니다. 보통의 성적을 받으면서 어린 시절의 "그저 그런 보통아이"로 돌아가 버리고 있는 것 같아 너무 괴로웠고, 과연 이렇게 많은 돈을 들이고 나를 괴롭혀 가며 여기에 계속 남아 있어야 하는 것인지 스스로에게 자문한 것이 한두 번이 아니었습니다.

하지만 지치고 힘들 때마다 가까이는 안 계시지만 전화 수화기 너머 따뜻한 목소리로 저를 늘 격려해 주시고 응원해 주신 부모님들 덕분에 저는 좌절하지 않고 전진해 나갈 수 있었습니다.

성공에 있어서 재능이나 능력만큼 중요한 것이 바로 "의지"입니다. 인생이라는 여행을 하면서 단 하나의 장애물도 마주치지 않고 살아가는 사람은 아무도 없습니다. 크건 작건 누구나 한 번쯤은 걸림돌을 마주하게 되는데, 아무리 발버둥이를 쳐도 꿈쩍도 하지 않을 것 같아 보이는 그 장애물을 두고 여러분은 포기하시겠습니까? 아니면 끝까지 도전하시겠습니까?

주위를 둘러보면, 장애를 극복하려는 도전 정신과 좌절하지 않는 굳건한 의지로 승리한 사람들이 셀 수도 없이 많습니다. 에베레스트를 처음 정복한 사람이, 포로수용소에서 살아남은 군인이, 그리고 암을 이기고 건강을 되찾은 사람이 그 좋은 예일 것입니다. 굳은 의지, 그것이 바로 제 성공의 비결이었고, 역사 속 큰 인물들의 성공의 비결이었던 것입니다.

아버지는 16살 때 시력을 잃으셨습니다. 엎친 데 덮친 격으로 홀어머니도 돌아가셨고, 큰누나마저 세상을 떠났습니다. 장애인을 천대하고 무시하던 그 옛날 그 시절 한국에서, 맹인으로 두 어린 동생을 데리고 생계를 이끌어 나가야 했던 것입니다. 아무도 원치 않았을 아버지의 삶, 하지만 아버지는 포기하지 않으셨습니다. 굳은 의지로 장애를 극복하고 도전 정신으로 우뚝 선 아버지는, 미국 땅에 건너와 한국 최초의 맹인 박사가 되는 영광을 안으셨습니다.

제가 포기하고 싶어질 때마다, 힘에 겨워 자리에 주저앉고 싶어질 때마다 떠오른 것이 어렸을 적 들었던 아버지의 이야기들이었습니다. 지금 내가 뛰어 넘어야 할 작은 돌멩이들보다 더 큰 산을 앞에 두고서도 포기하지 않으셨던 아버지 앞에서, 힘들다고 도저히 못하겠다고 포기를 한다는 건 말이 되지 않는 것이었습니다.

부모님의 따뜻한 격려와 아버지로부터 배운 굳건한 의지가, 포기하고 현실에 안주하려는 나를 일으켜 세워 앞으로 나아가게 하는 원동력이 되어 주었습니다.

이렇게 현실을 바라보는 관점이 바뀌고 나니, 정말 많은 것이 변하기 시작했습니다. 포기라는 건 있을 수 없다는 생각으로 도전을 시작한 얼마 후부터 제 성적은 부쩍 향상되었고, 스포츠 및 다른 학교생활에서도 두각을 나타내기 시작했습니다. 그리고 다른 이들이 할 수 없다고 얘기할 때 굳은 의지로 도전한 결과, 마침내 최고 명문대인 하버드에 입학할 수 있었습니다.

하버드는 어렸을 적부터 꿈꾸어 오던 학교였습니다. 제가 6학년 때 동부로 가족여행을 갔었는데, 보스턴을 둘러보다 들른 곳이 바로 하버드였습니다. 당시에는 하버드의 교육 프로그램이 어떤 것인지, 학교 창립 배경이 어떤 것인지, 시설이 어떤지 등에 대해 알고 있는 것이 아무것도 없었습니다. 그저 아버지의 한마디, "세계 최고의 명문대"라는 것만 머리에 새겨져 있었습니다.

하지만 아버지의 그 한마디는, 내가 꼭 하버드를 가야 할 이유로 충분했습니다. 여행에서 돌아온 저는 집 근방 대학들의 깃발 대신 하버드의 깃발로 방을 온통 장식했고, 동네 아이들이 퍼듀나 인디애나대학 팀을 응원할 때 하버드를 응원하기 시작했습니다.

아마 제가 세상의 모든 단어들을 다 알고 있다고 해도, 하버드대학 입학 허가를 받았던 그날, 그 순간을 표현하지는 못할 것입니다. 이전에 겪었던 그 많은 실망과 좌절들, 스스로를 질책하고 매달리며 노력했던 순간순간들이 그 순간의 기쁨에 비하면 왜 그리도 작아 보이던지.

하지만 제가 하버드에 입학할 수 있었던 것은 제 능력, 가족들의 격려, 의지로만 된 것이 아니었습니다. 통계에 따르면, 하버드대학에 입학하는 고등학교 수석 졸업자들보다 떨어지는 수석들이 더 많다고 합니다. 그들의 능력을 부인하는 사람들은 없을 것입니다. 그렇다면, 과연 무엇이 입학 여부를 결정하는 것일까요? 제 생각에는, 어떤 일이든지 어느 정도의 행운이 작용한다고 봅니다.

어떤 이들에게 "행운"이라는 것은 우연의 일치일 수도 있습니다. 또 어떤 이들에게 행운은 하나님의 은총으로 나타납니다. 행운이 따라오는 이유는 사람들마다 다르겠지만, 누구나 한 번쯤은 "아, 그때는 정말 운이 좋았어!"라는 기억이 있을 것입니다. 그러나 누구나 한 번쯤은 다 겪는 행운, 그 행운 자체가 성공의 열쇠가 되는 것은 아닙니다. 손에 행운이 쥐어졌을 때 그 행운에 어떻게 반응하느냐가 바로 성공의 열쇠인 것입니다.

행운을 조절할 수 있는 사람은 아무도 없습니다. 하지만 그 행운이 눈앞에 다가와 기회가 주어졌을 때 그 기회를 활용하는 것은 조정이 가능하다는 게 중요합니다.

운이 따라서 성공한 경우는 어디서든 찾아볼 수 있습니다. 알렉산더 플레밍은 우연히 페니실린을 발견하게 되었고, 벤자민 프랭클린의 전기 실험도 우연히 일어난 것입니다. 만약 그들이 우연한 발견을 기회로 삼지 않고, 그냥 묻어 두었으면 어떻게 되었을까요? 아마 우리는 지금 살고 있는 세상과는 많이 다른 세상에서 살고 있을 것입니다.

번호표를 받고 추첨을 통해 가는 학교도 아닌데 어떻게 운이 따랐다고 하느냐는 분도 계시겠지만, 하버드 입학에 어느 정도의 행운이 따랐다는 것은 다름이 아니라 바로 이런 이유에서입니다.

엑서터에 다니던 동안 저는 진로상담 선생님을 자주 찾아뵈었습니다. 나중에 안 일이지만, 그분은 하버드대학 입학처장으로 계셨던 분이었습니다. 그런 분에게 진로상담을 받고, 하버드대학 입학에 관련된 조언을 구할 수 있었다는 건 행운입니다. 만약 제가 그분을 직접 찾아뵙고, 질문을 하고, 조언을 구하고 하지 않았다면 어떻게 되었을까요?

길을 가다가 우연히 돈을 줍는 일은 드뭅니다. 행운도 마찬가지입니다. 인생의 긴 여정 중에 행운이 찾아오는 일은 그리 많지 않습니다. 소리 없이 찾아오는 행운을 기회로 만들 수 있는 자만이 성공할 수 있는 것입니다.

저에게는 엑서터에서의 경험만큼이나 하버드대에서의 경험도 소중했습니다. 하버드에서 저는 폭 넓은 눈으로 세상을 보는 법을 배웠습니다. 이곳저곳 여행하지 않고도, 한 식탁에 앉아 한국, 덴마크, 미국 등 세계 각지에서 모인 우수한 인재들과 정치를, 철학을, 그리고 농구를 논할 수 있는 기회는 그리 많지 않을 것입니다.

내가 나아가야 할 곳은 먼스터가, 인디애나가, 미국이 아니라 세계라는 것을 하버드에서 배웠고, 4년이라는 시간 동안 어린아이에서 청년으로 성숙해가며 자만하지 않고 인생이라는 기나긴 여정에서 자신감을 가지고 겸손할 수 있는 법을 배웠습니다. 그

때 그것을 배우지 못했다면, 아마 지금의 저는 없었을 것입니다. 하버드에서 저는, 인생은 남과의 경쟁이 아니라 자신과의 투쟁이라는 것을 배웠습니다.

학업을 마친 후에도 사람은 인생을 살아가면서 알게 모르게 경험을 쌓고, 지식을 쌓아가게 됩니다. 죽을 때까지 배우는 게 사람입니다. 하지만 말입니다, 세상의 모든 지식과 경험을 다 가지고 있는 사람은 한명도 없습니다. 100년을 살아도, 1,000년을 살아도 불가능한 일입니다. 성공의 열쇠는 지식과 경험의 양에 있는 것이 아니라, 미지의 세계를 어떻게 받아들이냐에 있습니다. 자기 자신에 대한 확신과 믿음인 자신감과, 남을 무시하고 세상 모든 지식을 다 가지고 있다는 듯 행동하는 자만심은 하늘과 땅 차이입니다.

일례로, 저는 하버드대 입학시험 에세이로 "내가 가장 존경하는 사람, 나의 아버지"라는 제목으로 글을 썼습니다. 다음은 그때 제출했던 제 에세이입니다.

내 방은 커다란 공사장의 축소판이었다. 레고로 만든 건축물들과, 조그만 자동차들, 그리고 색칠공부 책들 옆에 우뚝 서 있는 커다란 탑들. 바빴던 하루를 마치고, 어질러져 있는 장난감들을 피해 침대에 누워 아버지가 "이제 자야지."라며 불을 꺼주시면 나의 하루는 마감이 되는 것이었다. 나는 다섯 살 고사리 손으로 머리를 받치고 어둠 속의 허공을 올려다보고 있다. 밤의 침묵이 나를 감싸기 시작하면, 언제나와 변함없이 부드러운 손길로 책장을 넘기는 소리가 나를 반기곤 했다. 자리를 잡고, 세사미 스트리트 sesame street 이불로 나의 작은 몸을 포근히 감싸고 나면, 따뜻하면서도 부드러운 최면사의 기법을 닮은 아버지의 책 읽는 음성이 나를 사로잡았다. 아버지의 부드러운 음성은 나를 유치원에서 미지의 세계로 이끌어갔고, 그 이야기들 속에서 나는 거북이, 토끼와 경주를 하고, 선한 사마리아인을 만나며 자유로이 상상의 나래를 펼칠 수 있었다. 그저 간간히 들려오는 아버지의 책장 넘기는 소리가 방해가 될 뿐이었다. 상상의 세계에서 여행을 하던 나는 늘 이야기가 채 끝나기도 전에 잠이 들어 버렸고, 다음 날 아침 눈을 뜨면, 오늘은 이야기를 끝내겠다는 기대로 하루를 시작하곤 했다.

어느 날 아침, 나는 내 상상의 날개를 활짝 펼쳐 주던 아버지의 마술책을 열어 보았다. 내 상상의 뿌리인 그 책에는 그림도, 글자도 없이 올록볼록하게 튀어나온 점들만이 가득할 뿐이었다. 점자 페이지 위에 나의 작은 손을 얹어 놓고 이리저리 더듬어 보며 "아버지는 어떻게 이것을 읽으실까?" 생각도 해보았지만, 어린 나로서는 알 수 없는 일일 수밖에 없었다. 그 순간 나는 한 가지를 깨닫게 되었는데, 그때까지 나는 아버지가 앞을 보지 못하는 맹인이라는 생각을 해본 적이 없었다는 사실이었다. 아버지가 앞을 보지 못해서 내가 잃은 것은 아무것도 없었기 때문이었을 것이다. 매일 밤, 아버지는 이야기들로 나를 당신의 세계로, 상상의 세계로 이끌어 주셨다. 아버지와 나, 그리고 나의 상상의 세계는 뗄래야 뗄 수 없는 내 어린 시절의 동반자였다.

나의 어린 시절을 회상해 보면, 육안이 없이도 볼 수 있는 세상을 보여 주신 맹인 아버지를 가진 게 얼마나 다행한 일인가를 깨닫게 된다. 세월이 지나 나도 자랐고 많은 것이 변했지만, 늘 변하지 않고 남아 있는 것은 아버지가 잠자리에서 읽어 주신 이야기들이 나에게 미친 영향이다. 아버지의 이야기들로 나는 뛰어난 상상력과 창의력을 가지고 독창적으로 생각하는 법을 배웠고, 미래를 향한 비전이 선명해졌다. 또 한 가지 잊을 수 없는 교훈은, 인간의 가치는 보이는 겉모습만으로 판단해서는 안 된다는 사실과, 지극히 평범한 환경에서, 그리고 지극히 평범한 사람들로부터도 인생의 귀중한 진리를 배울 수 있다는 것이다.

나의 아버지는 외모로 보면 장애인이다. 그러나 나에게 아버지는 내가 아는 세상 어떤 사람들보다도 능력과 재능을 갖추신 분이다. 아버지는 당신의 장애를 통해, 세상을 살아가는 데 꼭 필요한 고귀한 교훈을 깨우쳐 주셨다. 아버지로 인해 나는 세상을 넓은 시야로 바라보고 도전하게 되었고, 누구나 나의 스승이 될 수 있다는 배움의 자세로 삶에 임할 수 있게 되었다. 비록 나는 아버지처럼 어둠 속에서 책을 읽을 수는 없지만, 아버지가 당신의 실명을 통해 나에게 주신 것은, 그리고 주실 것은 미래를 바라보고 정진할 수 있는 비전과, 상상의 날개를 활짝 펼 수 있는 자유로움과, 인생을 풍족한 기회의 터로 볼 수 있는 눈을 뜨게 해주신 것이다.

하버드대를 졸업하고 저는 인디애나대학 의대로 옮겨와 얼마 전 듀크대학교 안과 병원에서 안과 전문의로 레지던트를 끝냈습니다. 되돌아보면, 저는 정말 축복받은 삶을 살았다고 생각됩니다. 하나님께서 뛰어난 재능을 주셨고, 가족들의 든든한 후원이 있었으며, 의지와 끈기도 있었고, 행운까지도 따라줬습니다.

성공과 실패, 눈물과 웃음으로 걸어온 30년이라는 여정 뒤에는, 이 짧은 글로는 다 감사드릴 수 없는 수많은 분들이 저를 도와주시고 이끌어 주셨습니다. 또한 크고 작은 사건들도 많았습니다. 하지만 꿈을 현실로 만드는 비결, 성공으로의 길은 늘 같습니다.

꿈을 이루기를 두려워하지 마십시오. 누구에게나 한 가지 재능은 있습니다.
여정이 길고, 힘겹다고 포기하지 마십시오.
늘 든든한 후원자들을 주위에 두십시오.
행운을 나만의 기회로 만드십시오.

이 네 가지가 제 꿈을 현실로 만들어 준, 제 작은 성공의 비밀이었습니다.

07
나의 가족, 나의 영웅!

_강진영, 법학박사, 백악관 입법 특별 보좌관

한국과는 달리 구체적이고 실질적인 법을 가르치는 미국에서는 따로 학부에서 법학을 가르치지 않고 대학원에서 다룬다. 결과적으로 이공계, 회계학 등의 다른 학문을 전공한 많은 학생들이 법과대학을 지망한다. 법을 다루는 부분도 세분화되어 있고 법해석뿐 아니라 관련되는 정책도 중시하는 미국의 법 풍토가 구체적인 부분의 전문 지식을 요구하기 때문에 이공계 법대생이나 회계전공의 법대생들이 많이 나오게 되었다.

거스름돈 만들기

범생이라고 부르실지도 모르지만, 제가 어려서 아버지와 가장 즐겨하던 놀이는 "거스름돈 만들기"였습니다. 어떤 놀이냐고요? 말 그대로 거스름돈을 만드는 것입니다. 아버지가 먼저 묻습니다.

"87전을 만들려면?"

그러면 아버지의 말씀이 떨어지기 무섭게 저는 방으로 달려가 공책을 펼치고 리스트를 만들기 시작하는 것입니다.

25전짜리 3개, 10전짜리 1개, 1전짜리 2개.

25전짜리 3개, 5전짜리 2개, 1전짜리 2개.

25전짜리 2개, 10전짜리 3개, 5전짜리 1개, 1전짜리 2개.

25전짜리 3개, 1전짜리 12개.

……

이렇게 87전을 만들 수 있는 방법 하나하나를 생각해서 리스트를 만든 저는, 신이 나서 다시 아버지께 뛰어갑니다. 그리고 또 다른 문제를 받아서 방으로 돌아오는 것이 아버지와 제가 즐겨하던 "거스름돈 만들기"라는 놀이였습니다. 10전, 20전으로 시작했던 놀이는 얼마 후 4달러, 5달러까지 늘어났고, 그렇게 놀이를 하면서 전 하나 둘 제가 모르고 있던 것들을 배우기 시작했습니다.

아버지와 나만의 "거스름돈 만들기" 놀이는, 단순한 재미뿐 아니라 논리적으로 문제에 접근하는 방법을 가르쳐 주기 위한 아버지의 배려였습니다.

제가 처음 그 놀이를 시작했을 때에는 그냥 머리 속에 떠오르는 대로 거스름돈 만드는 방법을 적어 내려가곤 했습니다. 예를 들면, 30전을 만들어 오라는 아버지의 말씀에, 1전짜리 30개에서부터 시작해서, 25전 1개랑 5전 1개, 10전 3개의 순서로 리스트를 만들어 갔었습니다. 숫자가 커지다 보면 리스트에서 빠지는 것들은 늘어나기 나름이었고, 혹시 빠진 것이 있나 살펴서 그렇게 빠진 것들을 찾아 다시 거스름돈을 만들다 보면, 시간은 시간대로 가버리곤 했습니다.

그 많은 실험과 실수를 통해 저는 숫자를 계산하는 논리적인 사고 이상의 것을 배우게 되었습니다. 너무 가까이에서 그림을 들여다보면 점밖에 보이지 않습니다. 한 발짝, 두 발짝 물러나서 봐야 아름다운 그림이 보이는 것입니다.

거스름돈을 만들 때도 마찬가지입니다. 우선은 큰 것부터 해결해야 합니다. 일단 25전짜리를 다 사용하고, 다음에 10전짜리로 옮겨가고, 다음에 5전으로 옮겨가야 실수 없이, 쉽게 거스름돈을 만들 수 있습니다. 앞에 놓인 문제를 보는 것도, 거스름돈을 만드는 것이나 그림을 감상하는 것과 같습니다. 큰 것부터 작은 것으로 옮겨가야 합니다.

"거스름돈 만들기" 놀이를 즐기며 배운 것은 문제 접근 방법만이 아닙니다. 아버지가 제게 가르쳐 주신 것은, 어떤 문제에도 꼭 한 가지 답만 있는 것은 아니라는 것입니다. 10전짜리가 없으면 5전짜리 두 개를 쓰면 되고, 5전짜리가 없으면 1전짜리를 쓰면 되는 것처럼, 목적지에 가는 방법은 여러 가지가 있습니다. 하나의 길이 막혔다고 포기해서는 안 된다는 바로 그것이, 아버지가 제게 어린 시절 놀이를 통해 가르쳐 주신 중요한 교훈 중 하나입니다.

아버지가 직접 가르쳐 주신 것은 아니지만, 어린 시절 전 그

놀이를 통해 정말 중요한 것을 하나 깨달았습니다. 눈이 먼 맹인으로 강의를 듣고, 책을 읽고, 공부를 하고, 박사학위를 받는 것에 비하면, 이렇게 거스름돈을 만드는 방법 정도를 머리 속에 기억하고 있는 것은 정말 아무것도 아닙니다.

하지만 아직도 한참 어렸던 저는, 박사학위라는 것을 받는 데 얼마나 많은 시간이 걸리고 얼마나 많은 노력이 필요한지를 몰랐습니다. 그저 메모 한 번 없이 머리 속에 있는 리스트에서 정답들을 찾아 제가 공책에 급하게 휘갈겨 쓴 리스트를 확인해 주시는 아버지를 보면서, 아버지는 눈먼 장애인이 아니라 내가 알고 있는 어떤 누구보다도 능력 있는 분이라는 것을 깨달았을 뿐입니다.

어렸을 적 놀이를 통해서만이 아니라, 아버지는 참으로 많은 것을 가르쳐 주셨습니다. 아버지는 당신의 장애를 용기와 믿음, 그리고 의지로 극복하셨을 뿐만 아니라 약점을 강점으로 변화시켜, 어떤 사람이든지 무한한 잠재력을 가지고 있어서 아무것도 가지지 못한 작은 사람이라도 세상을 바꿀 수 있다는 것을 몸소 보여 주셨습니다.

언제부터였는지 기억조차 나지 않을 때부터 아버지는 형과 저에게, "나는 맹인에다가 이민 1세인데, 너희는 여기서 태어나 자란 이민 2세들이 아니니? 그러니 나보다는 훨씬 성공해야지."라고 하셨습니다. 그런 아버지의 말씀 때문인지, 저는 알게 모르게 아버지의 기대에 어긋나지 않으려고 평생을 노력해 왔습니다. 아버지처럼 저 역시, 많은 사람들이 자신의 숨어있는 재능을 발견하고 개발해 꿈을 이룰 수 있는 아름다운 세상을 만들기 위해 열심히 살아가고 있는데, 가끔가다 이런 생각을 하곤 합니다.

"아버지는 늘 더 높은 곳, 더 큰 것을 향해 전진해 가시는데, 나는 과연 무엇을 해야 하지?"

벌써 대통령의 임명을 받은 차관보이신데, 그보다 더 성공하려면……? 아버지, 뒤를 따르는 아들들을 위해서라도 이제는 조금 천천히 가셔도 되지 않을까요?

어머니의 아름다운 마음

제가 처음으로 자원봉사를 시작한 것은 고등학교 여름방학 때였습니다. 시각장애인의 교육을 전담하고 계시던 어머니를 도와, 인디애나 주 개리시의 시각장애 아동들에게 컴퓨터 사용방법과 새로운 프로그램을 사용하는 방법을 가르치게 되었는데, 저는 봉사활동이라는 것에 그만 푹 빠져 버리고 말았습니다. 새로운 것을 배우며 즐거워하는 학생들의 모습 때문에 보람을 느끼게 된 것이 한 가지 이유였지만, 그보다 더 크게 영향을 미친 것은 학생들 하나하나를 가르치시는 어머니의 열정이었습니다.

아버지만큼이나 평생을 장애인들을 위해 봉사하며 살아오신 분이 바로 저의 어머니이십니다. 28년이라는 긴 세월 동안 하루도 빠짐없이 시각장애 아동 재활교육에 힘쓰시다가 2004년에 은퇴를 하시는데, 어머니의 헌신적인 봉사 정신과 이웃 사랑은 집에서만이 아니라 교실에서도 뚜렷이 드러나고 있었습니다.

저는 그때까지 어머니가 학생들을 가르치시는 모습을 직접 본 적이 한 번도 없었습니다. 처음으로 제가 본 어머니의 모습은 열정 그 자체였습니다. 어머니의 그 열정을 저도 느끼고 싶었고, 다른 사람들과 나누고 싶었습니다. 그 여름방학 이후 저는 어머니를 본받기 위해 많은 노력을 했습니다.

대학 때 있었던 일입니다. 미국뿐만 아니라 세계 방방곡곡의 뛰어난 인재들이 모여서 학문을 연구하는 곳, 노벨상의 왕국이라 불리는 시카고대학은 시카고 남쪽의 빈민가에 위치하고 있습니다. 고풍스런 캠퍼스에서 몇 발자국만 나가면, 구걸을 하는 비렁뱅이들을 볼 수 있는 그런 곳이 시카고대학입니다. 어디에 내어놓아도 빠지지 않을 엘리트들과, 자기 이름조차 쓸 줄 모르는 밑바닥 인생들이 공존하는 그곳에서, 전 어머니를 본받아 가까운 제 주변부터 시작해 조금씩 세상을 바꾸어 나가기로 마음 먹었습니다.

어머니를 닮기 위해, 그리고 사마리아인과 같은 좋은 이웃이 되기 위해, 저는 동기들과 함께 미취학 아동들을 위한 "책사랑" 프로그램을 만들어 글을 가르치기 시작했습니다. 그리고 학생들과 학교의 좀 더 활발한 참여를 이끌어내기 위해 학생회 간부로 2년간 활동하면서, 졸업 앨범을 만들고, 안전한 캠퍼스를 만들기 위해 힘을 쏟고, 지역사회 발전을 위한 모금 운동도 주도하곤 했습니다.

이렇게 봉사활동에 힘쓰고 시간을 투자하다 보니 성적이 떨어지는 것은 당연지사였습니다. 하지만 어머니는 저를 혼내시기보다는 늘 주위 사람들을 도와주고, 그들의 삶을 조금이라도 발전시킬 수 있는 기회가 주어지면 그 기회를 꼭 잡아 최선을 다해야 한다고 말씀하시며 더욱 적극적으로 후원해 주셨습니다.

아버지 역시 한 가정의 머리로서 저를 인도해 주고 지도해 주셨지만, 제가 지금 이 자리에 이렇게 자랑스럽게 서 있을 수 있는 것은 늘 따뜻한 가슴으로 우리를 안아 주시고, 당신과 당신 가족들을 향한 사랑과 이웃을 향한 아름다운 마음으로 헌신과 열정의 본이 되어 주신 어머니 때문이기도 합니다.

주의: 절대 어린이는 따라하지 마십시오!

아픈 몸을 추스르려고 흙바닥에서 대굴거리고 있는데, 저쪽 멀리서 형의 목소리가 어렴풋이 들려왔습니다.

"진영아! 내가 구르라고 그랬잖아, 구르라고!"

아마도 제가 10살 때쯤이었던 것 같습니다. 당시 상황을 설명하자면, 차고에서 펄쩍 뛰어내린 저는 온몸이 쑤시고 아파오는 통증에 헐떡이며 숨을 쉬려고 발버둥이치고 있었고, 형은 저의 잘못된 낙법을 지적하면서 제가 아픈 이유를 설명하고 있었습니다.

도대체 왜 차고 위에서 뛰어내렸냐고요? 슈퍼맨 흉내를 낸 거였냐고요? 천만의 말씀입니다. 저는 슈퍼맨이 되어서 하늘을 날겠다고 했던 것이 아니었습니다. 만능 사나이, 주머니칼 하나와 쉬운 과학 이론으로 모든 것을 해결할 수 있었던 당시 사내아이들의 우상 맥가이버의 흉내를 낸 것이었거든요.

형은 늘 저에게 무엇인가를 가르쳐 주려고 노력했었던 것 같습니다. 그날도 형은 맥가이버가 머리털 하나 다치지 않고 높은 빌딩에서 뛰어내릴 수 있는 것은 물리학 이론으로 설명이 가능하다고 얘기했고, 훌륭한 낙법으로 추락시의 충격 완화가 가능하다는 이론을 어린 저에게 내놓았습니다. 형의 훌륭한 낙법이요? 아주 간단한 방법이었죠. 땅에 착지하는 순간 구르기를 하면 되는 것이었습니다.

그래도 어려서부터 똑똑하다는 소리를 듣고 자란 저라, 형이 하는 말을 모두 그대로 믿었던 것은 아니었습니다. 아무리 맥가이버라고 해도, 텔레비전 프로그램인데 어느 정도의 거짓말은 들어가 있지 않겠냐는 것이 어린 저의 생각이었지요. 저도 그리 순진한 것만은 아니었던 것입니다.

아니, 그런데 어떻게 차고에서 뛰어 내리게 됐냐고요? 바로 형의 성공적인 시범 때문이었습니다. 차고 지붕 위에 자세를 잡고 서 있던 형은 "자, 잘 봐!" 하는 말 한마디를 남기고 그대로 지붕에서 뛰어내렸고, 형이 말한 완벽한 낙법으로 착지를 해서 대구루루 구른 후 용수철이라도 되는 것 마냥 아무렇지도 않게 발딱 일어서서 저를 향해 웃는 것이었습니다.

"이것 봐, 쉽지? 할 수 있다니까." 하면서 미소를 짓고 있는 형을 보며, 저는 슬금슬금 차고 지붕 가장자리로 한 발자국씩 내딛기 시작했는데……막상 가장자리에 서서 바닥을 내려다보니 차고가 왜 그리 높은 건지. 지레 겁을 먹은 저는 낙법이고, 구르기고 뭐고 생각할 겨를도 없이 "아악!" 하는 비명을 지르느라고 정신이 없었을 뿐입니다. 다행히도 차고는 제가 생각했던 것만큼 높지 않아서 다치지는 않았지만, 그날 저는 아주 중요한 교훈 두 가지를 얻었습니다.

우선, 형은 제 정신이 아니라는 생각을 하게 되었습니다. 정신에 이상이 있다는 것이 아니라, 황당하리만치 엉뚱하다는 것입니다. 그러니까 저는 형이 하는 것을 다 따라하려고 해서는 안 된다는 걸 배웠죠. 물론, "세 살적 버릇 여든까지 간다."고 형을 따라하려고 하는 제 본능을 바로 버릴 수는 없었습니다. 차고 사건 이후 몇 년이 지나지 않아, 형이 쉽다고 얘기하는 스케이트보드 묘기를 흉내 내려고 시도하다 턱이 찢어지고 나서야 형을 따라하려는 제 본능을 어느 정도는 컨트롤할 수 있게 되었던 것 같습니다.

둘째는, 형은 엉뚱하고 황당하지만, 저는 형의 그런 점을 사랑한다는 것이었습니다. 형 때문에 제 몸 여기저기에 퍼렇게 멍이 들었던 때만 제외하면, 형은 늘 저의 영웅이었습니다.

우선 어떤 이론을 알고 나면 형은 언제나 그 이론들을 실험해 보고 싶어했는데, 정말 한순간의 주저함도 없이 형은 늘 새로운 것을 시도하곤 했습니다. 예를 들어, 차고 지붕에서 뛰어내리는 것처럼 말입니다. 장대높이뛰기를 했을 때도 그랬고, 파라세일을 시도했을 때도 마찬가지였습니다.

어떤 이들은 무모하다고 볼지도 모르는 일들을, 그림이면 그림, 음악이면 음악, 스포츠면 스포츠, 그리고 의술이면 의술, 무엇이든 시도하고 시간과 공을 들여 성공하는 형을 보면서, 어떻게 그런 독창적인 실험 정신을 존경하고 사랑하지 않을 수 있겠습니까?

형과는 성격이 많이 다른 저는, 모험보다는 안정을 택하는 쪽입니다. 지붕에서 뛰어내리면서 물리학 이론을 실험하기보다는 조용히 침대에 기대어 앉아 책읽기를 좋아하는 타입입니다. 하지만 형을 보면서 시도해 보지 않고는 아무것도 얻을 수 없다는 것을 배울 수 있었습니다. 형은 저에게 도전 정신을 심어 주었고, 최고를 향해 달리는 법을 가르쳐 주었습니다.

지금 제가 이 글을 쓰고 있는 2003년 12월 30일은 형과 우리 가족에게는 특별하고 소중한 날입니다. 몇 시간 전 형은 예쁜 꼬마 아가씨의 아버지가 되었고, 저는 삼촌이 되었습니다. 저의 영웅이었던 형은 이제 저 혼자만의 영웅이 아니라, 오늘 태어난 예진이에게, 그리고 앞으로 태어날 형과 제 아이들에게 인생의 작은 진리를 몸소 가르쳐 주는 훌륭한 영웅으로 자리하게 될 것입니다.

하나님의 계획

아버지의 강연을 한 번이라도 들으신 분이라면, 아니 아버지의 책을 한권이라도 읽어보신 분이라면, 제가 초등학교 6학년 때 썼었던 자서전에 대해 모르는 분은 없을 것입니다. 한 학기 동안 공을 들인 그 자서전에는 사실 그대로를 진술한 어린 시절, 그리고 아직 경험하지 못한 중학교, 고등학교, 대학 시절과 그 이후의 시절들을 과거를 회상하는 은퇴한 노인의 관점에서 서술하고 있습니다.

물론, 제 삶은 그때 그 자서전과는 많이 다르게 전개되었습니다. 형은 프린스턴 타이거 미식축구 팀에서 뛰는 대신 하버드로 진학했고, 저는 법대를 나와 피츠버그로 이사해 법률사무소에서 일하는 대신 워싱턴 국회의사당에서 일하고 있습니다.

하지만 책 속에 담겨 있는 그 많은 이야기들 중 현실과 비슷하게 이루어진 것이 하나 있습니다. 초등학교 6학년 때 연필을 잡고 써내려갔던 그 자서전에서 저는, 대학 때 만난 여자친구와 연애를 해서 제 생일인 2001년 6월 15일에 결혼하겠다고 했는데, 지금 이 글을 쓰고 있는 이 순간에도 제 얼굴 하나 가득 미소를 만들어 주는 아내 엘리자베스는 시카고대학에서 만나 사랑하게 된 저의 가장 가까운 친구이자 동반자입니다. 그러니까 2002년에 결혼식을 올렸다는 것을 제외하고는 그대로 이루어진 것입니다.

솔직히 말하면, 엘리자베스와 대학에서부터 사귀었다는 것은 약간 억지일 수도 있습니다. 물론, 대학에 다니고 있을 때 사귄 것은 사실입니다. 문제는 어느 시점에 사귀기로 했느냐 하는 것인데, 사건은 기말고사가 끝난 후, 그러니까 기말고사와 졸업식 사이에 일어났습니다.

이 기간 동안 졸업생들은 성공적으로 학업을 마쳤다는 것을 자축하고, 4년간 정든 친구들에게 작별 인사를 고합니다. 이렇게 모두들 작별 인사를 하며 헤어짐을 섭섭해 할 때, 저는 새로운 사랑 엘리자베스를 만나 행복한 마음으로 인사했고, 친구들이 인생의 한 장을 마무리하며 서운해 할 때, 저는 엘리자베스와 앞으로 다가올 새로운 미래를 설계하며 설레임으로 가득한 한 주를 보낼 수 있었습니다.

졸업식 전날까지 저는 저 나름대로, 엘리자베스는 엘리자베스 나름대로 4년 동안 함께한 친구들과 될 수 있으면 많은 시간을 보내려고 애썼습니다. 그러다 보니 서로 자주 마주치게 되었는데, 제 기억이 맞는다면 학교를 다니던 4년 동안보다 그 한 주 동안 더 자주 마주쳤을 것입니다.

분주하게 며칠을 보내고, 목요일 저녁에 제 친구들과 엘리자베스의 친구들은 미시간 호수의 일출을 보러 가기로 약속했습니다. 그날 밤, 호숫가에 친구들과 둘러앉아 있다 물가로 내려가 발을 담그고 서 있는데 엘리자베스가 다가왔습니다. 엘리자베스는 살짝 미소를 지으며 저에게 말을 걸어왔고, 그렇게 시작된 대화는 4시간이 지나 해가 중천에 뜨고, 우리 둘만 남게 되었을 때까지도 계속 되었습니다.

그때 전, 바로 이 여자가 내가 결혼할 여자라는 것을 처음으로 알았습니다. 그렇다고 바로 엘리자베스에게 청혼을 하거나 한 것은 아니었습니다. 물론 저도 그 누구 못지않은 로맨티스트이지만, 이미 예정되어 있는 이별이 저의 발목을 잡고 있었던 것입니다.

저는 졸업 후 바로 듀크법학전문대학원으로 진학할 예정이었고, 엘리자베스는 시카고에서 일을 하기로 되어 있었습니다. 그런 상황에서 무작정 뛰어들만한 용기를 가진 남자는 그리 흔하지 않을 것이라고 봅니다. 하지만 머리로는 여기서 그만 두어야 한다고 하는데 사람이라는 게 늘 머리로 지적인 사고만 하고 결정을 내리는 것이 아닌지라, 저와 엘리자베스는 장거리 연애를 했다가 실패한 경험이 있음에도 불구하고 두 사람의 짧은 여름휴가 동안 데이트를 시작했습니다.

일주일에 두세 번씩 하던 데이트, 하루에도 몇 시간씩 지루한 줄 모르고 나눈 전화 통화로 사랑은 깊어질 대로 깊어졌습니다. 장거리 연애라는 불안감에 주저하던 우리는 하나님께 늘 기도드리며 하루하루 힘을 내자고 다짐을 하고 4년을 보냈습니다.

머리로만 계산해서 모든 결정을 내릴 수는 없습니다. 하나님이 계획하신 일이라면, 불가능도 가능하게 됩니다. 마음을 열고, 하나님의 계획을 따를 때 성공이 찾아오는 것입니다. 전 엘리자베스와의 만남을 하나님의 계획이라고 믿고 있습니다. 엘리자베스를 통해 저의 믿음은 더 강해졌고, 저를 늘 있는 그대로 사랑해 주는 그녀는 저를 더 좋은 사람이 되게 합니다. 엘리자베스는 하나님이 저에게 주신 최고의 동반자이자 최고의 선물입니다.

나의 소리

지난해 한국 이민 100주년을 맞이하여 뉴욕 재미동포 청소년들 앞에서 연설을 하는 영광스런 기회가 있었습니다. 다음은 그 때의 연설문입니다.

올해로 한국 이민사가 100년을 맞이합니다. 지난 100년 동안, 저의 부모님이, 여러분의 부모님이, 그리고 여러분의 할아버지 할머니들이 여러분들을 위해 조금 더 나은 삶을 찾아 이 땅에 오셨습니다. 이렇게 대단한 일이 또 어디에 있겠습니까?

상상해 보십시오. 사랑하는 가족들과 친구들, 평생을 알고 지내던 안락함을 버리고 말도 안 통하는 이 땅에 이민 가방 하나를 들고 와, 좀 더 나은 교육, 좀 더 나은 삶을 우리에게 주시기 위해 희생하신 분들입니다. 저 같으면 생각조차 못했을 것입니다. 캐나다도 아니고, 영국도 아니고, 말 한마디 통하지 않는 곳에서 새로운 삶을 시작하라니……누군가 저한테 그분들처럼 모든 것을 다시 시작할 수 있겠냐고 묻는다면, 전 당연히 자신이 없다고 얘기했을 것입니다.

오늘 이렇게 한국 이민사 100년을 뒤돌아보며, 우리는 우리가 쌓아올린 업적만을 바라보고 축하할 것이 아니라, 그 업적을 쌓아올리기 위해, 저나 여러분은 상상조차 할 수 없는 희생을 해주신 분들의 노고를 생각하며 감사를 드려야 하겠습니다.

지금 이 자리까지 우리를 이끌어 주신 분들을 기리기 위해 우리들이 할 수 있는 것은, 그분들이 이 땅에 첫 발을 디디셨을 때 가지고 계셨던 그 꿈, 이 사회에서 성공하는 삶, 밝은 미래를 가지는 삶, 그것을 이루어드리는 것이라고 할 수 있겠습니다.

지난 과거를 돌아보며 앞으로의 100년을 내다볼 때, 제가 여러분들에게 드릴 수 있는 말씀은, 우리를 위해 많은 것을 희생하고 바치신 분들의 꿈을 이루어 드리는 가장 좋은 방법은 사회봉사와 적극적인 정치 참여란 것입니다.

우리 부모님들은 지금까지 모든 일에 최선을 다하는 것과, 강한 의지, 튼튼한 교육이라는 전통적인 방법으로 성공을 향해 달려오셨습니다. 그리고 이 세 가지의 중요성과 그 값어치를 알게 모르게 우리들의 가슴속에, 그리고 머리 속에 각인시켜 주셨습니다.

하지만 명심해야 할 것은, 21세기를 살아가는 우리들이 성공하기 위해서는 공부를 열심히 하는 것만이 길이 아니란 것입니다. "공부, 공부, 공부" 그것 하나로 성공할 수 있는 시대는 지났습니다. 물론, 공부가 훌륭한 사람이 되는 데 든든한 밑받침이 된다는 것은 사실입니다. 하지만 성공적인 삶이란, 공부를 잘해서 올 A를 받는 것이 아니라 사회에 공헌할 수 있는 삶일텐데, 그렇게 사회에 공헌하는 가장 좋은 기회는 정치 참여에서, 사회봉사에서 나옵니다.

학교 공부에, 과외 활동에, "공부해라, 공부해라" 하시는 부모님들 극성에, 봉사활동이란 얼토당토 않은 말이라고 하는 분들이 계실지도 모릅니다. 하지만 바쁜 스케줄 중에서도 작은 것을 이웃에게 사회에 주려고 시도해 보십시오. 딱 한 번만 시도해 보십시오. 나의 작은 것을 주었을 때 돌아오는 그 기쁨은 항상 두 배, 세 배일 것입니다.

왜 봉사활동을 해야 하느냐고요? 아마 정확한 정답을 가지고 있는 사람은 아무도 없을 것입니다. 모두들 저마다 각자의 이유를 가지고 봉사할 테니까요. 제가 지역사회에 나가 봉사를 하는 이유는:

첫째, 예수 그리스도를 향한 믿음 때문입니다. 고등학교 때 저는 제 미국 이름인 "크리스"가 "그리스도와 함께하는 자"라는 뜻인 것을 알게 되었습니다. 그 이후로 제 이름에 담겨 있는 뜻을 깊이 새기고, 이름에 꼭 맞는 사람이 되기 위해 노력하며, 저 나름대로의 버전인 "예수님은 어떻게 하셨을까?"를 행하면서 내린 결론은, 예수님이시라면 지금 아이들을 위해 책을 읽어 즈시고, 불쌍한 이들에게 음식을 나눠 주시며, 지역사회에서 봉사하고 계실 것이란 것이었습니다.

둘째, 저는 대학에 다니면서 처음으로 가난이라는 것이 어떤 것인지 알게 되었습니다. 그리고 그 사람들에게 인생에서 성공할 작은 기회라도 제공해 주는 것이 제가 할 일이라는 것을 깨닫게 되었습니다.

셋째, 저에게는 어머니라는 훌륭한 역할 모델이 있었습니다. 제 어머니는 28년 동안을 인디애나 주 개리시의 시각장애 아동들의 재활을 도우셨습니다. 여름동안 어머니가 계시는 학교에서 시각장애 아동들에게 컴퓨터와 프로그램을 가르치며 어머니가 헌신적으로 아이들을 가르치시고 그들에게 조금이라도 나은 삶을 주시기 위해 노력하시는 모습을 직접 보다 보니, 지역사회에 기여하기 위해 저도 더욱 열심을 다하게 되었습니다.

남을 위해, 이웃을 위해 봉사해야 하는 이유야 열거하기 시작하면 끝도 없습니다. 하지만 우리도 사람인데, "나에게 돌아오는 것은 무엇인가?"라고 묻게 되는 것은 당연한 것 아닙니까? 그렇다면, 지역사회에서 헌신적으로 봉사하면 내가 얻는 것은 무엇일까요?

여러 가지 것들이 있겠습니다만 첫 번째는, 대학입학원서를 쓸 때, 그리고 이력서를 쓸 때 이런 봉사활동만큼 좋은 것은 없다는 것입니다. 그리고 두 번째는 봉사활동을 통해 좋은 사람들을 만날 수 있는 기회가 주어진다는 것입니다. 이성친구들을 포함해서 말입니다.

방금 짧게 말씀드린 이유들, 그리고 제가 다 말씀드리지 못한 많은 이유들 때문에 저는 지역사회를 위해 봉사해 왔습니다. 하지만 무엇보다 저를 지금 이 자리에 있게 한 것은, 즉 지역을 위해, 남을 위해 봉사하고 아름다운 세상 만들기가 저의 업이 된 이유는 딱 한가지입니다. 이웃을 도와줌으로 해서 오는 기쁨, 나의 작은 손이 그들의 삶을 조금이라도 발전시키고 변화시켰다는 것에서 오는 그 기쁨은 세상 그 무엇과도 바꿀 수 없는 희열이기 때문입니다.

대학을 다니는 동안 저는 많은 곳에서 봉사활동을 했는데, 가장 먼저 봉사를 시작했던 곳은 고졸자들과 영세민들의 직업 교육을 담당하는 곳이었습니다.

제가 했던 일 중 하나는 찾아오는 사람들의 정보를 받아 적고, 적성검사나 능력검사를 통해 그분들의 자질과 능력을 평가하는 것이었습니다. 시험을 보고 일자리를 찾아 기뻐하는 사람들을 지켜보는 기쁨은 이루 말할 수 없는 것이었지만, 늘 기쁜 일만 있었던 것은 아닙니다. 열심히 살려고 노력하고, 일을 하고 싶어서 직업교육센터에 찾아는 왔는데, 초등학교 6학년의 수준도 안 되는 읽기 능력으로 인해 그냥 돌려보내야만 했을 때는 가슴이 그렇게 무거울 수가 없었습니다. 고등학교 교육을 받았고, 열심히 살려고 저렇게 노력하는데 왜 이런 문제가 있어야만 하는 걸까요? 12년이라는 교육을 받았는데, 6학년의 수준밖에 되지 않는다니. 그들의 잃어버린 6년은 누구의 책임인가요?

사람이 문제이고, 시스템이 문제였습니다. 이런 현실을 보고, 가진 것도 없고 힘도 없는 학생에 불과한 저였지만 가만히 있을 수는 없었습니다. 내가 할 수 있는 작은 것에서부터 변화를 시키겠다고, 저는 직접 나서기로 맘을 먹었습니다.

성공적으로 학업을 마치기 위해 꼭 필요한 것은 글을 읽는 능력입니다. 이를 발달시키기 위해서는 어려서부터 책을 읽어 주는 사람이 있어야 하는데, 밤낮으로 두세 가지 일을 하고, 한끼 식사와 하루하루 겨울 난방비를 걱정하면서 지내는 부모를 둔 아이들에게 책을 읽어줄 사람은 아무도 없을 것이라는 게 문제였습니다. 저는 이 문제를 해결하기 위해 몇몇 친구들과 함께 미취학 아동들에게 글 읽는 법을 가르치기 시작했고, 독서를 일상생활의 기쁨으로 느끼게 해주기 위해 노력했습니다.

저의 이런 지역사회 봉사활동 경험은 학교생활에도 커다란 영향을 미쳐, 저는 일리노이 공립학교의 정책적 문제를 지적하는 논문을 쓰기에 이르렀습니다. 이 논문을 쓰면서, 저는 각 학생들의 교육에 할당되는 정부 보조금은 거주지역에 의해 결정되는데, 이 정책은 도시 빈민층과 중산층의 불균형을 완화시키지 못하고 있다는 것을 알았고, 그 와중에 정부가 사회와 나아가 한사람 한사람에게 미치는 영향도 직접 느끼게 되었습니다. 정부가 바뀔 때, 정책 하나, 법 규정 하나가 바뀔 때 개개인에 미치는 영향 때문에 저는 지금 제가 서 있는 길을 선택할 수밖에 없었습니다.

현재 저는 일리노이 주 상원의원 리처드 더빈 의원의 법률고문으로 일하고 있습니다. 제가 일을 시작하면서 가장 놀랐던 것은, 미 의회에서 일하는 아시아인의 숫자가 극소수에 불과하다는 것이었습니다. 가장 큰 이유는 아마도 이 분야에서 미래 인재를 이끌어 나가고 지도해 줄 수 있는 역할 모델이 없어서일 것입니다. 지난 이민사를 돌아보면, 사회봉사나 정치, 정부로 진로를 정해 그를 업으로 삼아 평생을 바친 아시아인 지도자는 전무하다고 볼 수도 있습니다.

한국 정치에 친숙하지 않은 이민 2세인 저도, 정치에 대한 한국인의 편견 정도는 알고 있습니다. 전에 저는 『뉴욕 타임스』에서 "지난 50년간 한국 정치판의 부정은 김치와 같은 존재로 깊이 자리하고 있다."라는 기사를 본 적이 있습니다. 재미교포로 유일하게 미국 하원의원으로 3선까지 했던 분도 결국 선거자금 모금 때의 부정 때문에 유죄 판결을 받아 사퇴한 적이 있었는데, 역사적인 이유로 그리고 이런 실례로 인한 정치에 대한 한국인의 부정적인 시각을 이해하지 못하는 것은 아닙니다.

하지만 이런 행위들은 정치가 아닙니다. 훌륭한 정치인으로 저의 역할 모델이자 우상이었던 미네소타 주 상원의원 고故 웰스턴 의원은 "정치란 돈이나 권력의 게임이 아니다. 정치란 사람들의 생활을 발전시키고, 나를 발전시키기 위한 운동이다."라고 했습니다.

지난 10년 동안 많은 재미동포들이 이 사실을 배워 예전보다는 활발한 정치 참여가 이루어지고 있는 것은 사실입니다. 이는 한국인들 사이에 4·29로 통하고 있는 1992년 4월 29일의 LA 폭동의 영향으로, 학업에 성공하고, 사업에 성공해도 정치적 영향력이 없이는 권리를 제대로 보장받을 수 없다는 것을 깨달았기 때문입니다. 저에게 4·29는 전 세대 분들처럼 커다란 의미를 담고 있지는 않습니다. 당시 고등학교 1학년으로 아직도 재미교포로, 한국인의 피를 이어받아 미국에서 자라나고 있는 청소년으로 자아를 찾기 위해 안간힘을 쓰고 있던 저에게 4·29는 가슴 아픈 뉴스였을 뿐입니다.

4·29 이후 열심히 정치에 참여해 주신 선배님들 덕분에, 앞으로 4·29와 같은 사태는 반복되지 않을 것입니다. 하지만 이런 사태를 예방하기 위해서만이 아니라, 재미동포로서 우리가 정치에 참여해야 하는 이유와 그 방향 또한 제시되어야 한다고 생각합니다.

저는 백인들이 대다수인 곳에서 자라나 한민족이라는 민족의식이나 한국의 전통에 대해 모르는 것이 많습니다. 물론 저희 부모님도 다른 부모님들처럼 한국인으로서의 긍지와 자부심을 심어 주려고 많이 노력하셨지만, 저 역시 다른 아이들처럼 친구들과 꼭 같아지려고 더 노력했고, 그러다 보니 어느 새 주위의 미국인 친구들과 동화되어 있었습니다. 아마 제가 지금의 자리에 있지 않았다면 저는 계속 그렇게 살아갔을지도 모릅니다. 하지만 미의회에서 일하게 되면서 저는, 제가 한국인이라는 것이, 아니 더 나아가 주류 사회에 나와 있는 아시아인이라는 것이 얼마나 중요한 것인지 몸소 체험하게 되었습니다.

의회에서 활동하고 있는 아시아인들은 극소수에 불과합니다. 한국인이나 아시아인들의 권리를 보장해 주고 목소리를 대변할 사람들이 그만큼 없다는 소리입니다. 한국인에게 더 나아가 미국에 거주하고 있는 모든 아시아인들에게 영향을 미칠 법과 규정들이, 우리들의 의견이 수렴되기 전에 만들어지고 통과되고 있다는 것입니다. 시스템에 변화가 필요합니다. 이것이 바로 우리의 과제입니다.

오늘 제 연설의 요지는, 앞으로 100년 후의 한국 이민사회의 성공은 우리에게 달려 있고, 이를 위해서는 우리가 여태까지 간과하고 있었던 지역사회 봉사활동에 힘쓰고 적극적인 정치 참여에 주력해야 한다는 것입니다. 너무 광범위하다고요?

지역사회란 무엇입니까? 제가 말하는 지역사회는, 한국인들만의 사회가, 재미동포들만의 사회가, 여러분의 학교가, 교회가 아닙니다. 지역사회를 나누기 전 우리가 먼저 해야 할 것은 우리를 나누고 있는 벽들을 허무는 것입니다. 예를 들어, 저는 시카고대학과 학교 근방의 이웃들과의 장벽을 허물기 위해 노력했습니다. 제가 여러분에게 원하는 것은, "우리"라는 테두리를 만들고 그 안에 서 계시지 말라는 것입니다. 인종과 종교로 서로를 구분 짓고 나누는 벽을 허물고 하나로 연합될 때, 여러분의 지역사회는 동네가 아니라, 교회가 아니라, 학교가 아니라, 지구촌이 되는 것입니다.

제가 여러분들에게 부탁드리고 싶은 것은 사회봉사 활동을 넓게 보라는 것입니다. 저는 제 일을 통해서 사회에 봉사하고 있습니다. 하지만 제 집사람을 보면, 사회를 위해 봉사하는 것은 어느 곳, 어느 때나 가능하다는 것을 다시금 깨닫곤 합니다.

제 집사람은 늘 바쁘게 움직여야만 하는 변호사입니다. 그러면서 일주일에 한 번씩은 시간을 내서 지역사회의 어린이들을 위해 봉사하고 있습니다. 저처럼 사회봉사를 업으로 삼고 일을 하는 사람들보다는, 제 집사람처럼 바쁜 스케줄 중에 짬을 내서 봉사활동을 생활의 일부로 하고 계시는 분들이 훨씬 많습니다.

학생이든, 아이를 키우는 부모님이든, 환자를 보는 의사이든, 파트타임 직원이든 봉사활동을 시작해 보십시오. 주는 대로 받는다고 합니다. 이 사회에서 우리가 성공하기 위해서는 먼저 베풀어야만 합니다. 그래야 돌아옵니다.

마지막으로, 적극적인 정치 참여에 대해 말씀드리려 합니다. 앞서도 말씀드렸지만 저는 미 상원에서 일하고 있습니다. 이보다 더 적극적인 정치 참여는 없을지도 모릅니다. 하지만 이렇게 꼭 정부에서, 상원에서, 하원에서 일을 하지 않아도 정치에 참여하는 방법은 얼마든지 있습니다.

우선, 투표자 명단에 등록하십시오. 그리고 선거일에 투표를 하십시오. 신문을 읽고, 뉴스를 보고 우리 사회에 영향을 미치는 문제들에 대해 배우십시오. 그리고 힘을 모아 한목소리로 로비를 하고 변화를 위해 힘쓰십시오. 정치는 정당 싸움이 아닙니다.

상원의원 웰스턴은 "정치는 야당, 여당의 싸움이 아니다. 정치란 시민들의 삶에 영향을 미치는 문제들을 토론하고 해결하는 것이다."라고 했습니다.

이것이 바로 우리가 한국계 미국인으로서 정치에 적극적으로 참여해야 하는 이유입니다. 정치에 참여하는 우리의 숫자가 많아질수록 우리의 목소리를 대변해 줄 인물들은 늘어날 것이고, 이로 인해 한인사회는 장기적 발전을 거듭하게 될 것입니다.

어찌 보면 이기적이라고도 할 수 있는 이 이유 외에도, 우리가 정치에 적극적으로 참여해야 하는 이유는 여러 가지가 있습니다. 정치, 정부의 다각화는 미국을 발전시키는 원동력이 됩니다. 개개인이 다양한 정치적, 문화적, 역사적 배경을 가지고 조화롭게 "우리"라는 공동체로 하나가 될 때, 우리는 서로의 다른 점을 수용하고 배워 나가는 하나의 사회로 다시 태어나는 것입니다.

제가 어려서부터 아버지는 늘, "나는 맹인에다가 이민 1세로 이렇게 성공했는데, 너는 여기서 태어나서 자랐으니 나보다 더 크게 성공해야 하지 않겠니?"라고 하셨습니다. 벌써 대통령 임명을 받아 차관보이신 아버지보다 더 훌륭한 사람이 되기 위해선 전 아마 지금보다 더 많은 노력을 해야 할 것입니다.

여러분들도 우리에게 좀 더 나은 환경, 좀 더 나은 삶을 주시기 위해 많은 희생을 하신 부모님들의 꿈을 이루어드리기 위해, 그리고 우리 뒤를 따라오는 세대들을 위해, 지역 봉사로, 적극적인 정치 참여로 하나가 되어 전진해 나가는 데 함께 힘써 주셨으면 하는 것이 저의 작은 바람입니다.

글을 마치며: 나의 가족, 나의 영웅

저에게 이렇게 글을 써달라고 하시는 아버지의 부탁을 받을 때마다 저는 컴퓨터 앞에 한참을 앉아 있곤 합니다. 아버지가 원하시는 것이 어떤 건지 도저히 알 수가 없어, "도대체 어떤 것을 써야 하는 거죠?"라고 되묻는 저에게 아버지의 대답은 늘 같았습니다.

"네가 살아온 것에 대해서 써라."

학교를 졸업하고, 사회의 일원으로 발을 내딛은 지 2년이 채 안 되는 경험을 글로 표현하려니 그저 앞이 캄캄할 뿐이었습니다. 물론, 제가 대학에 다니면서 그리고 법대에 와서 이룬 작은 업적에 대해 쓸 수 있는 것도 압니다. 헌데 그렇게 글을 써 내려가다 보면, 이 글은 어느새 제 이력서가 되어 있을 것이 뻔하고, 아버지의 이전 책을 읽으신 분들은 제가 이룬 작은 업적들은 별

써 알고 계실 테니 지루해 하실 것도 같고…….

결국, 저는 제 삶에 큰 영향을 미친 저의 영웅들과 그들에게서 배운 점들을 하나하나 써 내려가기로 마음 먹고 이 글을 시작했습니다. 이제 글을 마치며, 책상 위에 놓여 있는 사진 속의 나의 가족, 나의 영웅들을 바라보며 다시 한번 미소를 지어 봅니다. 홀로 서서도 어둠을 환히 비출 별과 같은 존재들, 기쁠 때도 슬플 때도 항상 곁에서 저를 지켜주고 저의 삶을 아름답게 비춰 주는 그들은 저의 가족이자, 제 삶을 바꾼 진정한 저의 영웅들입니다.

생명의말씀사

사 명 | 선 | 언 | 문

> 너희가 흠이 없고 순전하여……세상에서 그들 가운데 빛들로
> 나타내며 생명의 말씀을 밝혀 (빌 2:15-16)

1. 생명을 담겠습니다.
만드는 책에 주님 주신 생명을 담겠습니다.
그 책으로 복음을 선포하겠습니다.

2. 말씀을 밝히겠습니다.
생명의 근본은 말씀입니다.
말씀을 밝혀 성도와 교회의 성장을 돕겠습니다.

3. 빛이 되겠습니다.
시대와 영혼의 어두움을 밝혀 주님 앞으로 이끄는
빛이 되는 책을 만들겠습니다.

4. 순전히 행하겠습니다.
책을 만들고 전하는 일과 경영하는 일에 부끄러움이 없는
정직함으로 행하겠습니다.

5. 끝까지 전파하겠습니다.
모든 사람에게, 땅 끝까지, 주님 오시는 그날까지
복음을 전하는 사명을 다하겠습니다.

생명의말씀사 서점안내

광화문점 110-061 종로구 신문로 1가 58-1 구세군 회관 2층
TEL. (02) 737-2288 / FAX. (02) 737-4623

강 남 점 137-909 서초구 잠원동 75-19 반포쇼핑타운 3동 2층 전관
TEL. (02) 595-1211 / FAX. (02) 595-3549

구 로 점 152-880 구로구 구로 3동 1123-1 3층
TEL. (02) 858-8744 / FAX. (02) 838-0653

노 원 점 139-200 노원구 상계동 749-4 삼봉빌딩 지하1층
TEL. (02) 938-7979 / FAX. (02) 3391-6169

분 당 점 463-824 경기도 성남시 분당구 서현동 269-5 서원프라자 서현문고 서관 4층
TEL. (031) 707-5566 / FAX. (031) 707-4999

신 촌 점 121-806 마포구 노고산동 107-1 동인빌딩 8층
TEL. (02) 702-1411 / FAX. (02) 702-1131

일 산 점 411-370 경기도 고양시 일산구 주엽동 83번지 레이크타운 지하 1층
TEL. (031) 916-8787 / FAX. (031) 916-8788

의정부점 484-010 경기도 의정부시 금오동 470-4 성산타워 3층
TEL. (031) 845-0600 / FAX. (031) 852-6930

파 주 점 413-012 경기도 파주시 금촌 2동 68번지 송운빌딩 2층
TEL. (031) 943-6465 / FAX. (031) 949-6690

인터넷 서점

http://www.lifebook.co.kr